AF346620

RECVEIL D'HORLOGIO-graphie, contenant la

DESCRIPTION, FABRI-CATION ET VSAGE DES horloges solaires.

PAR

IEHAN BVLLANT, ARCHITE-cte de haut & puiſſant Seigneur, Monſeigneur le Duc de Montmorancy, Pair, & Conneſtable de France.

Nouuellement imprimé à Paris,

1561.

AVEC PRIVILEGE.

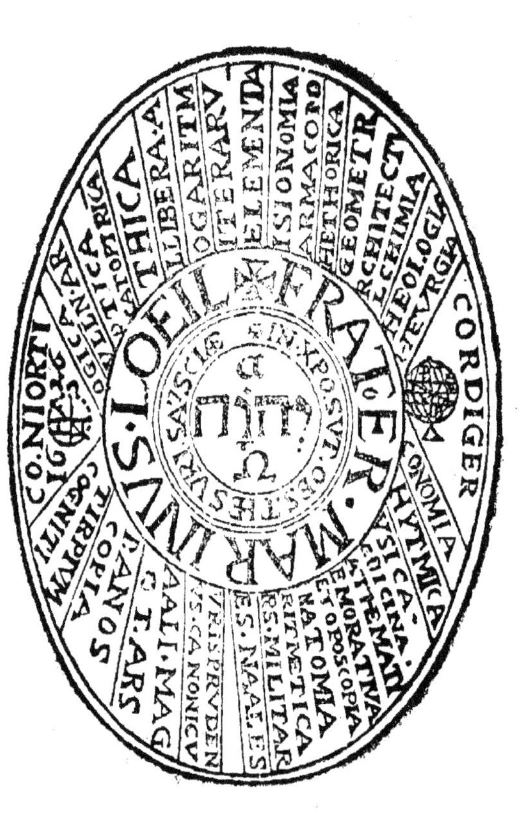

EXTRAIT DV PRIVILEGE.

CHARLES, *par la grace de Dieu Roy de France. A tous noz Baillifs, Se-neschaux & Preuosts, Iuges ou leurs lieutenãs, & autres noz iusticiers & officiers, & à chacun d'eux ficomme à luy appartiendra, Salut & di-lection.* Nostre cher & bien-aymé Maistre Iehan bullant Architecte de nostre trefcher & trefaymé coufin le Duc de Montmorancy, Pair, & Connestable de France, nous a faict entendre qu'il a faict & composé vn liure intitulé, Petit trai-cté de Geometrie, & Horologiographie, Lequel pour le biẽ & proffit de la Repu blique il a deliberé faire imprimer à fes propres cousts & defpens. Et pource qu'il crainct l'aiant mis en lumiere, vn chacun des Imprimeurs de nostre Royaume le vueil-le indifferemment imprimer, & iceluy expofer en vente: & par ce moyen le fruStrer du fruit de fes labeurs, & de la recompenfe qu'il pretend tirer des fraiz & mifes qu'il luy conuiendra faire à l'impreßion dudict liure. Il nous a treshumblement faict fupplier & requerir luy vouloir ottroyer & impartir furce noz lettres de prouifiõ necefaires. Pource est-il que nous voullans fatisfaire à la requeste qui nous a esté faicte en fuueur dudict Maistre Iehan bullant, & de la part de nostredict Coufin, auons inhibé & def fendu, Inhibons & deffendons par ces prefentes à tous Imprimeurs & Libraires de cestuy nostre Royaume, païs, terres, & feigneuries de nostre obeïffance quels qu'ils foient, que durant le temps & terme de dix ans enfuiuans & confecutifs, à commencer du iour que ledict liure aura esté imprimé, ils n'aient à imprimer ne faire imprimer fans le congé & licence dudict Maistre Iehan bullant, ne iceluy mettre n'expofer en vẽ-te imprimé d'autre que de celuy, ou ceux qui auront eu charge de luy de l'imprimer, & que ce ne foit de leur vouloir & confentement, & ce fur peine de confifcation defdits liures, & d'amende arbitraire. Si voullons, & vous mandons, & à chacun de vous ficomme à luy appartiendra. Que de noz prefens, grace & permißiõ vous faictes, fouf frez, & laiffez ledict Maistre Iehan bullant, & lefdits imprimeurs ayant charge de luy d'imprimer iceluy liure, ioyr & vfer plainement & paifiblement. Ceffans & fai-fans ceffer tous troubles & empefchements au contraire & procedant à l'encontre de ceux que trouuerrez contreuenir au contenu de cefdictes prefentes, par confifcation def dits liures, & adiudication de ladicte amende : Car tel est nostre plaifir. Nonobstant quelconques ordonnances & restrinctions, mandemens ou deffences à ce contraires. Donné à Orleans le xiiij. iour de Ianuier. L'an de grace mil cinq cens foixante. Et de no stre regne le premier. Ainfi figné, de par le Roy, la Royne fa mere prefente.

BOVRDIN.

A.ij.

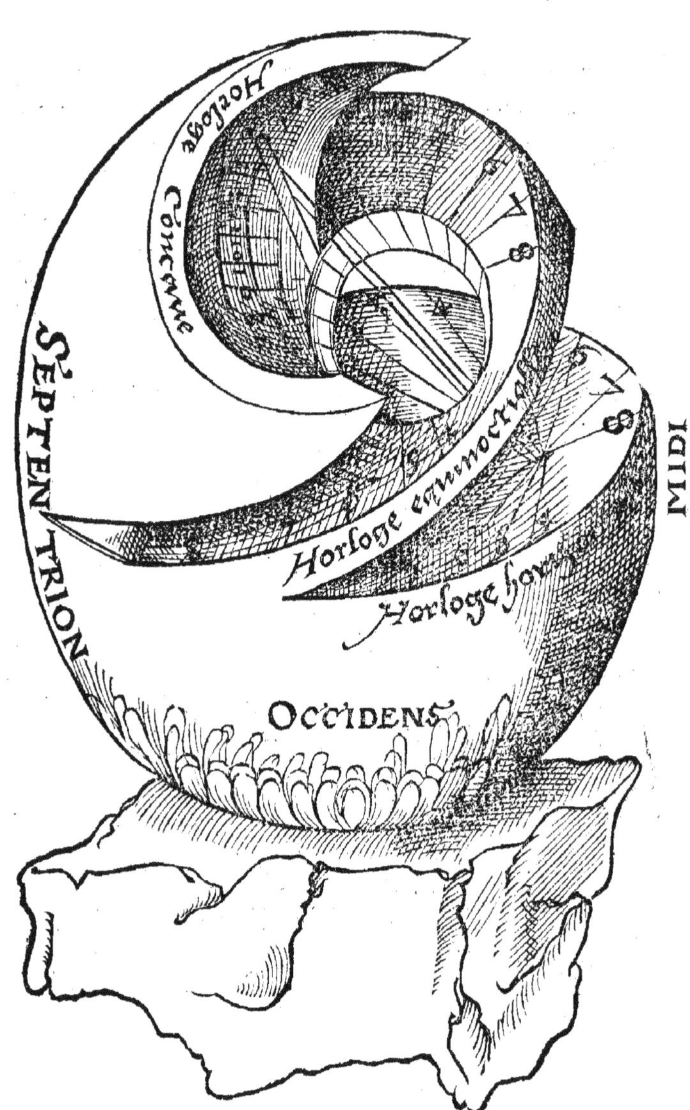

Horloge Concave
SEPTENTRION
MIDI
Horloge equinoctial
Horloge horizon
OCCIDENS

A TRESHAVLT, TRESPVIS-
SANT ET TRESMAGNANIME SEIGNEVR

Meſsire Anne, Duc de Montmorancy, Pair, & Conneſtable de France. Iehan Bullant ſon
treſhumble & treſobeiſ-
ſant ſeruiteur.

MONSEIGNEVR, les anciens & premiers hommes de ce ſiecle n'a-
uoyent aucune cognoiſſance des partitions & diuiſions du téps. Fors qu'a-
uoyent de Dieu le Createur (qui a donné la lumiere & clarté au móde par
le ſoleil, la Lune & eſtoilles) la cognoiſſance, & puiſſance d'apperceuoir
augmentation & diminution de clarté par le mouuemét dudit Soleil, duquel voyoyét
l'vmbre croiſtre, depuis le matin iuſques à midy au plus hault ſur l'horizó, & apres deſ-
croiſtre. Lors en marquant icelle vmbre, diuiſoient le iour en pluſieurs parties: dont eſt
venu l'origine & cognoiſſance des horloges ſolaires, que vulgairement appellons quadrans, qui depuis ont eſté par pluſieurs anciens Mathematiciés mis en vſage en diuerſes contrees. Ie laiſſe à cercher les grands ſecrets deſdits quadrans, à ceux qui ſont plus
curieux, pourautát que ie n'ay la theorique: mais ſeulement ay curieuſemét cerché par
la pratique du compas, pluſieurs diuerſes ſortes & manieres d'horloges qui ſe font ſur
trouſſes de boys, pierre, ou autre choſe ſéblable, & taſché adiouſter & mettre pluſieurs
horloges en vne pierre, horloges contre la muraille qui ſe nomme vertical, autre à plat
qui ſe nomme Horizontal, & autres manieres que ie laiſſe à la diſcretion des ouuriers.
Pour auſquels donner commencement, entree, & intelligéce, ay aſſemblé ce petit trai-
cté & recueil, tiré par la pratique du compas des autheurs qui par cy deuant en ont eſcrit, comme Sebaſtien Muſter, & le Treſexcellét, & Treſdocte Mathematicien Oron-
ce Finé. Et apres auoir de long temps fait les eſpreuues d'iceux quadrans & horloges,
ay bien oſé mettre & reduire en noſtre vulgaire ce petit traicté, pour le proffit & com-
modité des artizans & gens de compas, qui eſt vne delectation & induſtrie, demonſtrant la ſaiſon du temps & degré des ſignes, auec l'heure du iour par l'office du Soleil,
tant heure egale, heure artificielle, qu'heure inegalle, qui eſt l'heure des Planettes. Ce
qu'eſt vne delectation & induſtrie par ce que nuls par cy deuant n'en ont eſcrit en noſtre vulgaire. Auquel, Monſeigneur, ie vous prie que ſi trouuez quelque faute à la lettre
& lágage, vouloir excuſer la rudeſſe & mal aornement de mondit langage, par ce que
ie ne ſuis Latin. Mais vous plaiſe prendre à gré ce petit traicté lequel ay pratiqué par le
cópas, & auquel en donneray raiſon, & non par la lettre preſente: deſirant, Monſeigneur, contenter voſtre Maieſté, en attendant que moyennant voſtre ayde, faueur, &
ſupport, ie puiſſe faire mieux. Plaiſe vous dóc, mon treſhumain Seigneur, prendre &
accepter ce mien petit labeur, & l'auoir pour agreable, lequel eſt bien peu de
choſe au regard du bon vouloir. Duquel ie prie le Createur
vous maintenir en treſheurcuſe & bonne pro-
ſperité. D'eſcouen, L'an de grace,

1 5 6 1.

A.iij.

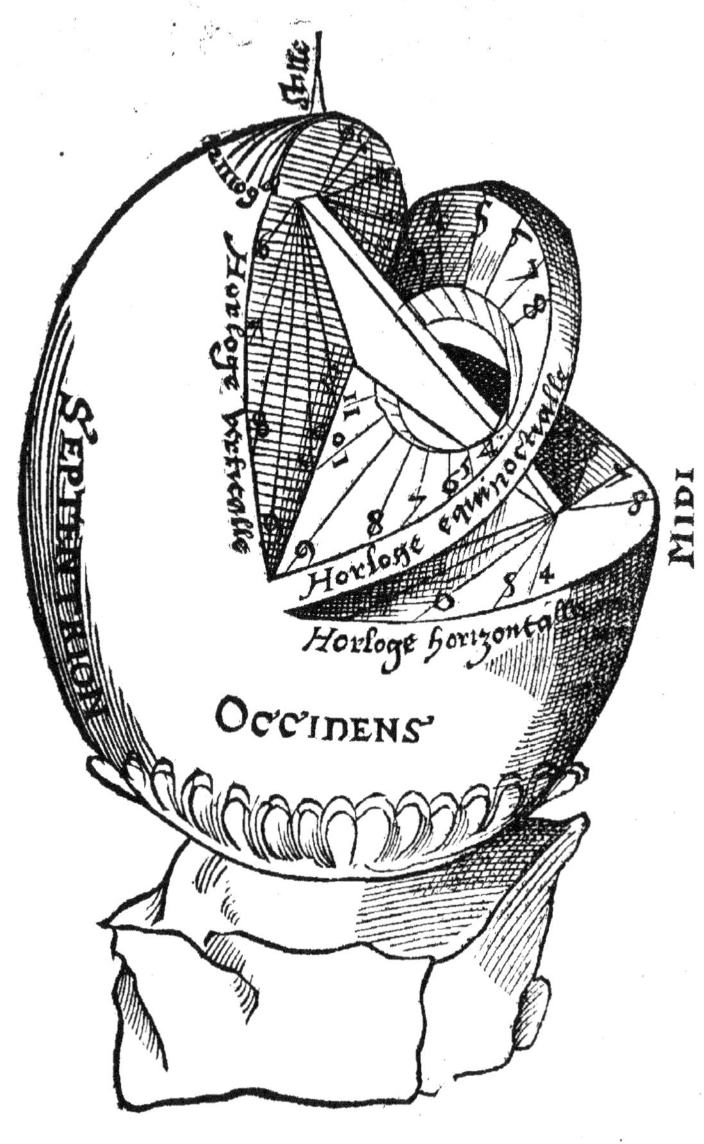

Style
Contre
Horloge verticalle
Horloge equinoctialle
Horloge horizontalle
SEPTENTRION
MIDI
OCCIDENS

RECVEIL D'HOR-
LOGIOGRAPHIE, CONTENANT
la description, fabrication & vsage des horloges solaires.

ESCRIS en quelque superfice plaine (cóme sur vne table, papier, ou autre chose semblable) vn quart, ou la quarte partie d'vn rond, ou cercle: duquel l'vn costé sera tiré droict iacent, representât l'horizon: & l'autre descendant perpendiculaire dessus, & intersequant à angles droits sur la iacente, laquelle soit signee A, B, & la perpendiculaire soit A, C, & mettant le pied immobile du compas en l'angle droit au poinct A, & l'autre pied mobile au poinct B, & demourant ainsi le compas, soit tiré l'arc du quart de cercle B, C, lequel quart de cercle, sera diuisé en 90 parties egales. Premierement en trois parties, puis chacune d'icelles parties encores en trois autres parties, tellement qu'il soit departy en 9 parties: & de rechef chacune partie en dix parties, & seront 90 parties. Et soyét formez ou descrits trois arcs, dont le premier sera distant du second de telle espace que lon y puisse marquer les poincts ou degrez d'vn à vn. Et en l'espace d'entre le secód cercle & le tiers, sera descrit le nombre desdits degrez que faut cómencer au poinct B, tirant vers C. Ce faict, faut sçauoir la latitude, ou eleuation (c'est la hauteur) du pole, pour la region ou lon voudra faire l'horloge: & icelle hauteur conter de C, tirant

vers B, & ou le nombre finera, ſoit fait la marque D, & tirer vne
ligne droite du centre A, à ladicte marque D. Ladicte ligne A,
D, repreſentera la hauteur & eleuatió de l'equinoctial. Ce fait,
conuient tirer vne ligne orthogonale, interſequante (ou cou-
pante)ladicte ligne A,D,(qui eſt la ligne de l'equinoctial) à angles droits au poinct G, laquelle repreſentera l'axe du monde,
& ſera apelee la ligne de l'axe. Et ou ladicte ligne attouchera la
ligne de l'horizon A, B, fais la marque ou poinct E, & auſsi ou
elle attouchera la ligne verticale ou murale A, C, ſoit fait la
marque ou poinct F, & ainſi tu auras le triangle A,E,F, lequel
ſera le ſtile ou eſguille des horloges,tant horizontales, & verticales,que pendentes & laterales,ainſi que cy apres ſera demonſtré. Et faut entendre que la diſtãce A, G, eſt le demy diametre
du cercle equinoctial(ou equateur)pour departir les heures. Et
la diſtance A, E, le demy diametre de l'horloge horizontale: &
pareillement la diſtance A, F, le demy diametre de l'horloge
verticale : comme il appert par la figure qui ſenſuit.

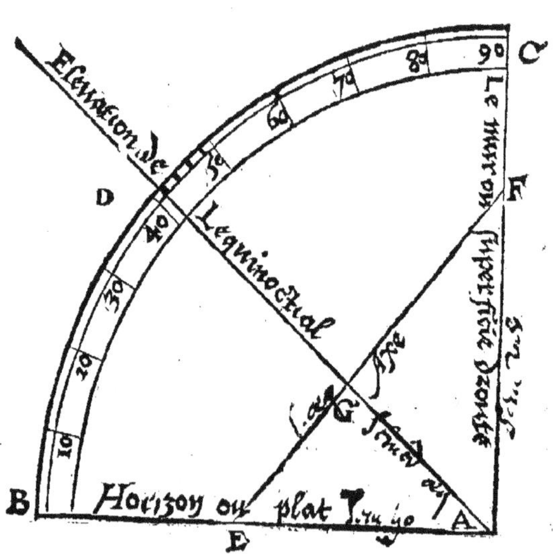

POur defcrire & fabriquer les horloges horizontales ou à
plat, faut en vne fuperficie affez lógue, tirer vne ligne droite, longue à plaifir, tant qu'il fuffife pour fabriquer ladite horloge, laquelle ligne fera dite ligne contingente, ou de terre qui
fera marquee, C, D. Et faut tirer vne autre ligne orthogonale
qui fera A, B, interfequant ladicte ligne contingente à angles
droits: & ou fera l'interfection, marqueras le poinct G. Ce fait,
prendras auec le compas (en la figure cy deuāt faite au triangle
A, F, E) la diftāce A, G, en la ligne de l'equinoctial, & le compas ainfi eftēdu ou ouuert, mets vn pied en l'angle & poinct G,
de la ligne contingente: & foit l'autre pied eftēdu fur l'autre ligne trauerfale au poinct A, & fais le cercle equateur, duquel le
poinct A, fera le cētre, lequel cercle fera diuifé en 24 parties ega
les pour les vingtquatre heures du iour: ou feulemēt foit diuifé
la moitié en 12, ou le quart G, I, en fix parties: & à chacune diuifion fais vn poinct ou marque. Et ledit cercle ainfi diuifé, pofe la rigle fur le centre A, du cercle equateur, & fur chacune note ou marque de la diuifion du quart de cercle, cóuient tirer v-
ne ligne par chacū defdits poincts des heures iufques à la ligne
cōtingente, & y feras des marques: & par ainfi feront marquees
les lignes des heures fur la ligne contingente. Ce fait, pour fabriquer ladite horloge horizontale, faut (au triangle precedēt)
prendre auec le compas la diftance A, E, & icelle raportér à la
ligne trauerfante A, B, & marquer le poinct E, du cofté oppofite au cercle equateur, & d'iceluy poinct E, cóuient tirer vne ligne droite equidiftante à la ligne contingente, qui fera la ligne
de fix heures marquee H. Ce fait, pofe vn pied du compas audit poinct E, & tire vn cercle grand ou petit à ta difcretion, (felon la grandeur de ton horloge) dont le poinct E, fera le centre:
puis mettāt la reigle fur le centre E, & fur chacune marque des
heures en la ligne contingente ou de terre, faut tirer autres li-

gnes apparātes pour marquer les heures de l'horloge, defquelles la ligne orthogonale E,G, eſt 12 heures ou ſera marqué 12, &
les autres heures ſuyuantes faut marquer ſuyuāt leur ordre, aſſauoir aux deux plus prochaines lignes 1 heure apres midi & 11
heures deuant midi. Puis 10 heures deuant midi, & 2 heures a-
pres midi, & ainſi par ordre iuſques à la ligne E, I, qui en tous
horloges denote les 6 heures, tant deuāt qu'apres midi. Et pour
auoir les autres heures, aſſauoir 4 & 5 heures du matin, & 7 & 8
heures du ſoir, faut prendre la diſtance de 6 heures à 8 heures,
auec le compas, & de l'autre part du cercle des heures, raporter
celle diſtance, & faire vne marque & ligne qui ſera quatre heures du matin: & pareillement la diſtance de 6 à 7 heures, raportee de l'autre part de ladite ligne de 6 heures, ſera la ligne de 5
heures du matin, & ainſi des autres ſi plus d'heures y cōuenoit.
Et quād la moitié de l'horloge ſera deſcrite ce ſuffira, car en retournant & raportant les diſtances des heures, de l'autre part &
moitié auras l'horloge cōplette, & faut marquer les heures cha
cune en ſon endroit dans l'eſpace du cercle. En gardant & obſeruant leur ordre, à commencer depuis le ſoleil leuāt de la regiō ou lon eſt, iuſques à 12 heures, pour les heures du matin, à la
partie dextre : & depuis 12 heures iuſques à ſoleil couchāt pour
les heures d'apres midi. Cōme pour l'eleuatiō de Paris, ou nous
eſcriuons aux horloges horizontales depuis quatre heures du
matin iuſques a huit heures du ſoir. Et ainſi faut entendre de
tous autres horloges, & à telle eleuatiō (de pol)que lon voudra
les fabriquer. Et pour le ſtile, ou gnome, autrement & vulgairement dit l'eſguille, faut prendre au triangle precedent A, E, F,
les diſtances d'vn poinct à autre : duquel ſtile, le coſté ou ligne
A, E, ſe doit mettre & poſer en la ligne meridienne de l'horloge, par telle ſorte que le poinct E, ſoit iuſtement au centre E, de
ladite horloge, & le poinct A, en la ligne de 12 heures au poinct
G, & ſera eleué autant que le poinct F (de la ligne de l'axe) eſt
diſtant du poinct A, dudit triangle. Le tout ſe peult voir par la
ſuyuante figure.

Horloge horizontale, à l'eleuation du pol 48 degrez, 40 minutes.

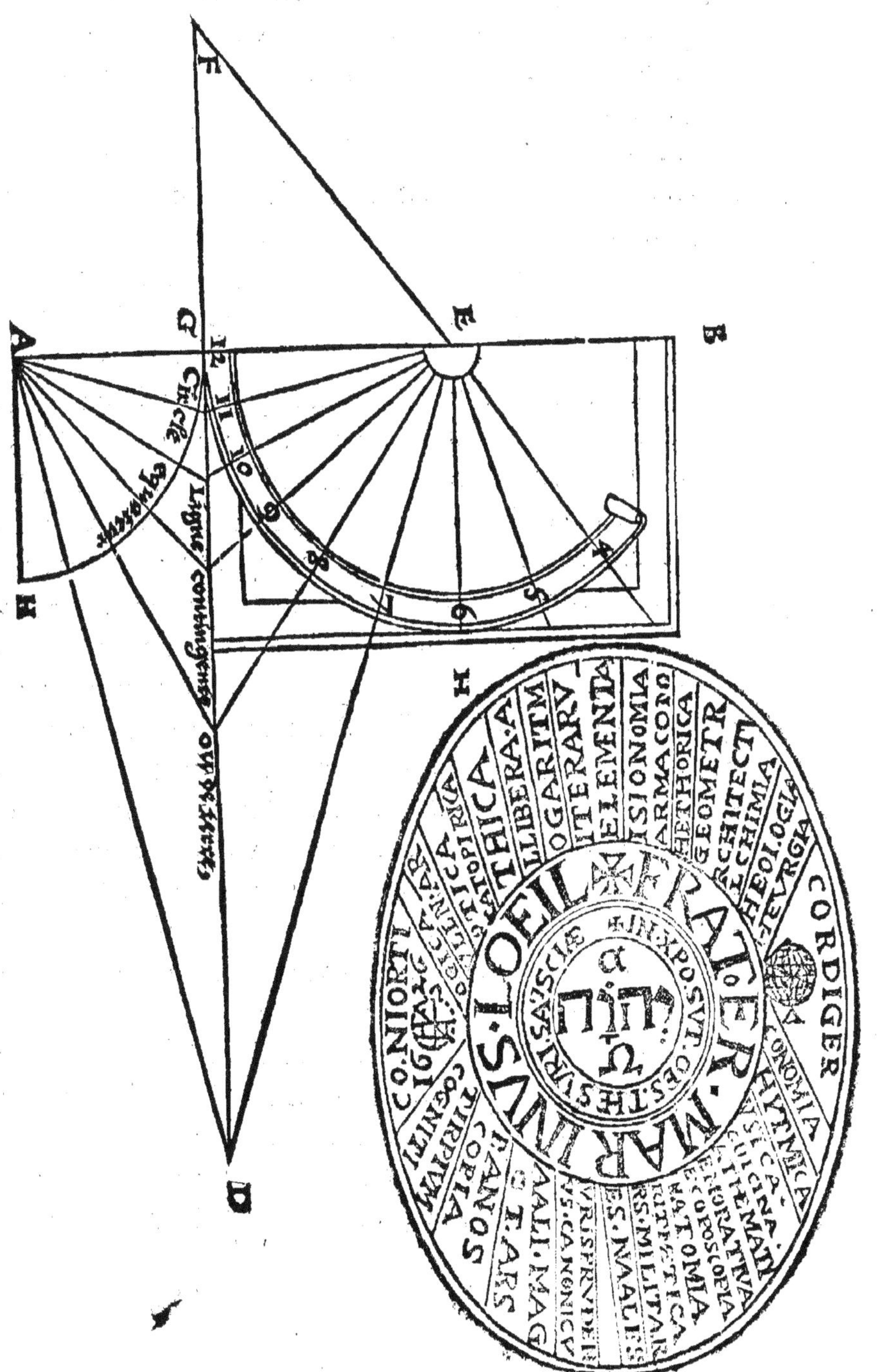

RECVEIL
DE LA FABRICATION DES HOR-
loges verticales, ou murales, regardant droit
le midi.   Chapitre I I I.

LEs horloges qui se font perpendiculaires & droites contre les murailles des maisons, ou autres choses semblables, regardãt droit vers le midi, se fait par mesme maniere que l'horizontale cy deuant transcrite, excepté que le gnome ou stile se doit mettre(assauoir la ligne A, F, dudit stile)côtre ladicte muraille : & le poinct E, saillant vers midi : touteffois faut prendre garde que la ligne de l'axe(qui est E,F)regarde iustement le pole. Et ou audit horloge horizontal a esté prins la distance A, E, ou triangle deuãt dit pour le demy diametre du cercle des heures de ladicte horloge, faut pour le vertical prendre la distance A,F,audit triangle, & de celle distãce soit faite la ligne perpendiculaire qui interseque(la ligne contingente ou de terre) à angles droits,qui sera le poinct ou cêtre F, & soit fait le cercle des heures d'icelle horloge verticale:lesquelles heures conuient fabriquer comme s'ensuit. Ayant premieremẽt tiré la ligne contingente & la ligne perpendiculaire orthogonale,croissant l'vne l'autre, à angles droits, au poinct G, prenez au triangle susdit la distance equinoctiale A, G, & fais le cercle equateur, ou vn quart seulemẽt, lequel, party en six parties egales, du poinct & cêtre A,du cercle equateur,faut tirer des lignes occultes,iusques à la ligne contingente, en posant la reigle sur le centre A, & sur chacune diuisió dudit cercle equateur, & marque ou elles attoucheront la ligne contingente ou de terre. Ce fait,pour descrire le cercle des heures, faut prendre au triangle premier descrit la distance A, F, en la ligne verticale ou murale, auec le compas,& pose vn pied du compas au poinct G, à l'intersectió des lignes contingentes & perpendiculaires, & l'autre pied sur ladite ligne perpendiculaire au poinct F, qui sera le centre du cercle des heures, & estant le pied du compas audit centre F, descriras le cercle des heures grand ou petit à ta discretion,puis mettant la reigle sur ledit centre F, & sur chacune marque de

la ligne contingente, ou de terre, fais les lignes des heures qui
ſoyent apparantes depuis le centre F, iuſques à la circonference de ton cercle, des heures ou bord de l'horloge que lon peult
faire róde ou quarree, à la diſcretion de l'ouurier. Et faut noter
que la ligne perpédiculaire eſt la ligne de 12 heures, ou faut deſcrire 12, & les autres enſuiuant conſecutiuement ſelon leur ordre, en eſcriuant à ſeneſtre les heures de deuant midi, & à dextre les heures d'apres midi, iuſques à 6 heures deuát & apres midi, qui eſt deſsigné par la ligne F, I, car toutes horloges verticales, regardant droitement le midi, ne ſeruent que depuis 6 heures deuát midi, iuſques à 6 heures apres. Le ſtile doit eſtre (comme dit eſt) autant eleué (ou ſortant) comme eſt la diſtance G, E,
en obſeruant touſiours que la ligne de l'axe, qui eſt la ligne E, F,
repreſente l'axe du monde, & regarde le pole. Le tout eſt icy
demonſtré par la figure qui ſenſuit.

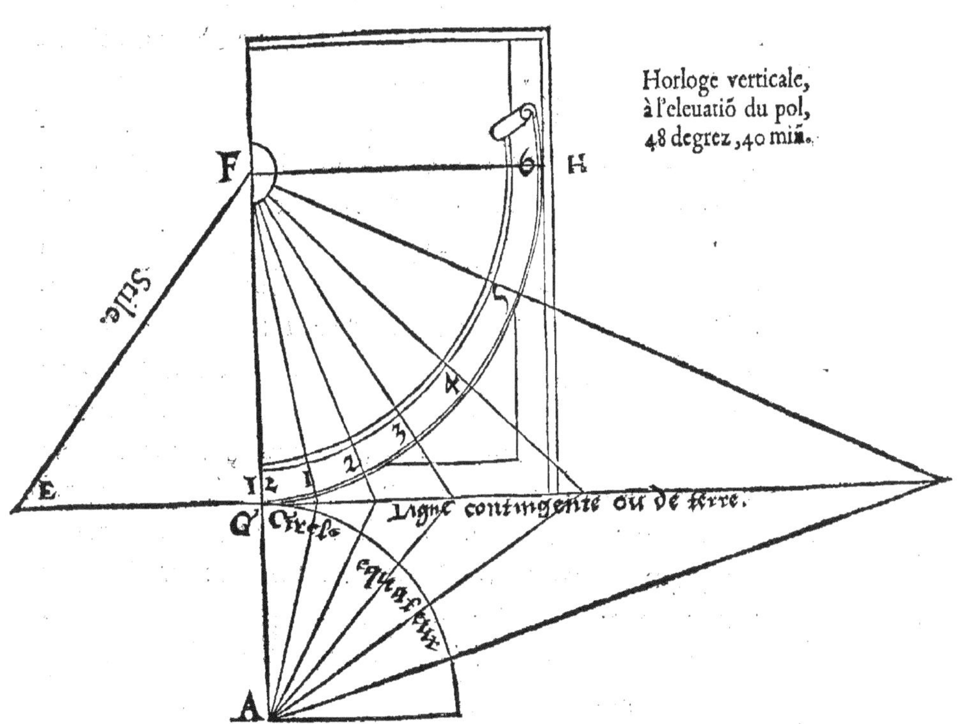

Et qui, efdites horloges verticales & murales ou droites,l'on voudroit auoir les heures eftiuales : il conuiendroit defcrire ou faire deux fuperfices droites, defquelles l'vne regardaft droitement la partie de midi, & l'autre la partie de feptétrion, & icelle accómoder, de forte que le poinct G, foit vers la partie du zenit du chef, & le poinct F, vers le cétre de la terre, c'eft le poinct G, en haut, & le poinct F, en bas. Et le ftile (en l'extremité du mur) mis & afixé en telle maniere que la ligne de l'axe regarde le pol artique. Et ou en l'horloge meridionale, le ftile afixé au mur defcend la poincte (qui eft le poinct G) en bas : au contraire en l'horloge feptentrionnale, la poincte dudit ftile montera en amont, tellemét que toute l'indice dudit ftile reprefente l'axe du monde: lequel ftile (ou efguille) fe peult faire de fil de fer, ou autre matiere, à la difcretion de l'ouurier. Et faut entédre que lefdites horloges ne peuuent demonftrer toutes les heures, mais feulement quatre, affauoir, deux pour le matin, qui font 4 & 5 heures, & deux pour le vefpre, qui font 7 & 8 heures. Et ainfi comme és horloges horizontales, les 4 & 5 heures du matin fe prénent par les diftances des 7 & 8 heures raportees outre la ligne de 6 heures : Semblablement, pour l'horloge feptentrionnale, faut prendre à l'horloge vertical la diftance de 7 heures à 6, & foit fait outre la ligne de 6 heures, vne marque & ligne qui fera l'heure de 5 heures. Ce fait, faut prédre la diftance de 6 heures à 8, & pareillement raportant celle diftance, outre ladite ligne de 6 heures, foit fait la marque & ligne de 4 heures : & ainfi feront tirees les 4 & 5 heures du matin, qui ferót au cofté dextre vers la part d'occident, & raportant les diftances de la ligne de 6 heures, & defdites 4 & 5 heures: de l'autre part de ladite horloge marqueras les 7 & 8 heures du foir, en la part d'orient, qui eft à feneftre de ladite horloge feptentrionnale : comme apert par cefte figure.

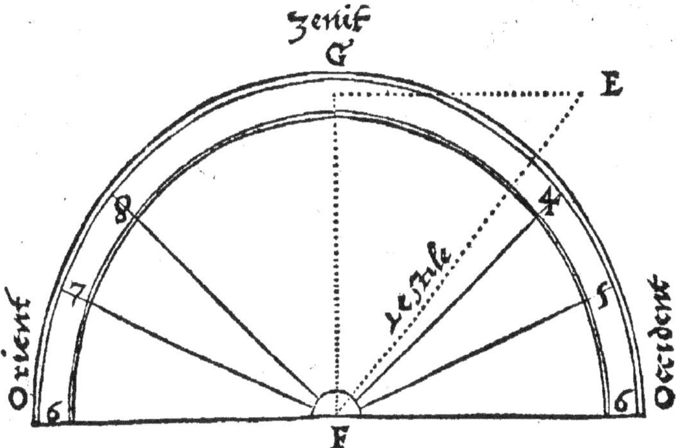

AVTRE MANIERE DE FABRIQVER
les horloges verticales regardant le midi.
Chapitre I I I I.

SOit fait, sur vne tablette plaine & solide dont la lógueur soit quadruple à la largeur, & selon ladite largeur, tirer deux lignes equidistantes, dont l'vne sera signee A, B, de laquelle le milieu soit C, & l'autre ligne sera signee D, E, de laquelle aussi le milieu sera F, & du poinct F, faut tirer vne ligne trauersant & perpendiculaire & intersequant lesdits deux poincts C, & F, à angles droits, & est ladite ligne C, F, le diametre de l'equinoctial ou equateur: sur laquelle ligne soit fait vn cercle, duquel le cétre soit au milieu de ladite ligne C, F, qui sera noté G, lequel cercle faut diuiser en quatre parties egales par deux diametres C, F, & H, I, duquel la quarte partie C, I, soit diuisé en six parties egales, & à chacune diuision sera fait vne marque occulte, & posant la reigle au centre G, & sur chacune diuision du cercle, soit tiré des lignes occultes & peu apparátes, qui se puissent puis apres effacer : & ou icelles lignes attoucheront la ligne A, B, faut pareillemét faire des marques. Ce fait, la quarte partie dudit cercle tirant du poinct F, vers le poinct I, soit diuisé en 90 parties egales, desquelles prendras l'altitude (ou hauteur) du pole artique de ton habitation, & ou finera le nombre de ladite eleuation, feras vne ligne tirant du poinct G, iufques à la ligne D, E, & y feras la marque L, & fera icelle ligne G, L, le demy diametre des horloges murales ou verticales. Soit dóc pris, auec le compas, la diftance de la ligne, G, L, & mets vn pied du compas au poinct C, & eftend l'autre pied vers le poinct F. & ou ledit compas pofera fur la ligne C, F, foit le poinct M, lequel fera le centre du cercle de l'horloge, fur lequel defcriras vn cercle qui paffera par le poinct C (plus ou moins) à ta difcretion, & foit enclos le diametre O, M, N, duquel le demy diametre O, M, fera la ligne de 6 heures deuant midi, & l'autre demy diametre M, N, fera la ligne de 6 heures apres midi. Et pareillemét la ligne M, C, fera la ligne de 12 heures. Finablement, pour defcrire les heures efdites horloges, pofe la reigle fur le centre M, & fur chacune marque de la ligne A, B, & fais des lignes droites du centre M, iufques à la circonference du cercle mural : & auras toutes les 12 heures qui fe peuuent defcrire en l'horloge verticale & murale. Et qui voudra, lon pourra defcrire & marquer les demies heures & les quarts : & pour ce faire faut diuifer les heures fur le cercle equinoctial ou equateur, en deux, pour les demies heures, & en quatre pour les quarts d'heures, & les tirer & marquer au cercle des heures cóme les entieres. Le ftile de ladite horloge fe doit mettre au poinct & centre M, & la lógueur fera la ligne M, C, & egalemét diftant des poincts N, O, fans decliner de nul endroit, mais regardát iuftement le midi. Et ledit ftile eft diftant en la ligne C, M, de M, vers C, comme eft la ligne G, L, diftante de la ligne G, I, à la ligne L, F, & eleué comme dit eft, en maniere qu'il reprefente l'axe du monde: comme apert par la figure fuyuante.

AVTRE

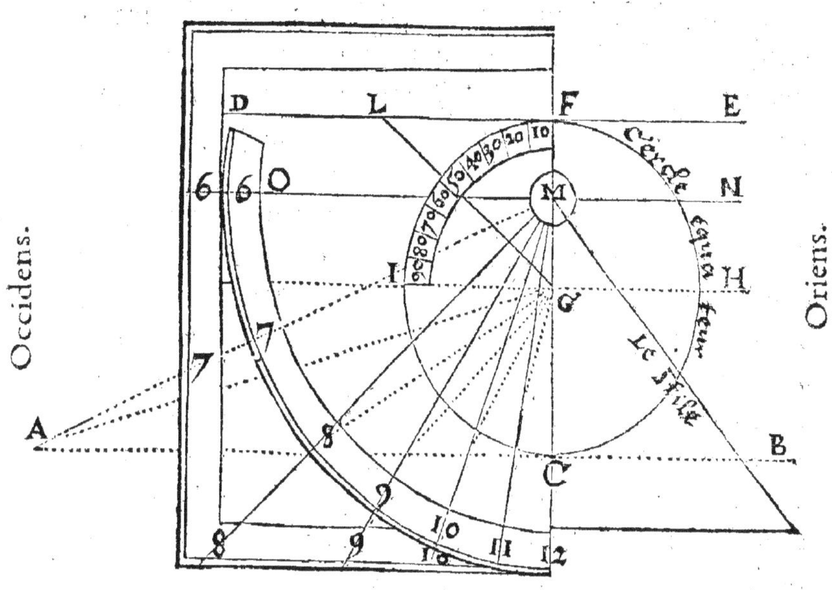

AVTRE FABRICATION D'HORLOGE
horizontale conforme à la figure derniere au chapitre precedent.　　Chapitre V.

CEste maniere de fabriquer les horloges horizontales, ne diffère pas grandement à la fabrication de l'horloge verticale, & faut proceder par mesme maniere qu'à la precedente. Faire & tirer les deux lignes equidistantes A, B, & D, E : semblablement la ligne C, F, au milieu de laquelle le poinct G, sera le centre du cercle equateur, duquel la quarte partie C, I, sera diuisee en six parties egales, & du centre G, par chacune diuision, faut tirer des lignes occultes iusques à la ligne A, B. Et tout ce qui difere de l'horloge horizontale à l'horloge verticale, quãd à les fabriquer par ceste mode, est que la quarte partie I, F, diuisee en 90 parties egales, faut conter de F, vers I, l'eleuation de l'equinoctial de ton habitation, ou conter l'eleuation du pole, du poinct I, tirant vers F, qui est tout vn : car les deux nombres reuiennent à vn mesme poinct : & ou fine ledit nombre, faut (auec la reigle) tirer la ligne G, L, & mettant vn pied du compas au poinct C, & l'autre tendant vers F, ou ledit compas attou-

chera la ligne C, F, marque le poinct M, qui fera le centre de
l'horloge, auquel poinct M, faut tirer vne ligne equidiftante &
parallele à la ligne D, E, qui fera marquee O, N, & fera la ligne
des 6 heures de deuant & apres midi : & d'iceluy poinct & centre M, foit formé le cercle des heures pour ton horloge, & mettant la reigle fur le centre M, & fur chacune marque en la ligne
A, B, faut tirer les lignes des heures iufques à la circonferéce du
cercle des heures. Et pour y defcrire toutes les heures, comme
4 & 5 heures du matin, & 7 & 8 heures du vefpre, faut cóme deuant a efté dit, prendre les diftances de 4 & 5 heures d'apres midi, & les tranfporter au mefme cercle, hors la ligne de 6 heures,
& lon aura 7 & 8 heures du foir, & aufsi les 4 & 5 heures du matin à l'autre cofté. Et faut entendre qu'en toutes horloges horizontales faut defcrire & marquer les heures qui fe peuuét prendre depuis foleil leuant iufques à foleil couchant, & y mettre la
quantité des heures. Comme en cefte region le pus long iour a
feize heures, qui eft depuis 4 heures du matin, iufques à 8 heures du foir que defcrirons en noz horloges : & ceux qui habitét
en la region ou le pole eft eleué au deffus de cinquante degrez
ou plus, comme és parties feptentrionnales ou les iours artificiels font de 18 heures, ou plus, à leurs horloges fe defcrit 3 heures du matin, & 9 heures du foir, qu'ils peuuét veoir & cognoiftre par les rais du foleil. L'eleuation du ftile, fur la ligne M, C,
eft autant comme eft diftante la ligne G, L, à la ligne G, I. Le
tout fe peult veoir par la figure fuiuante.

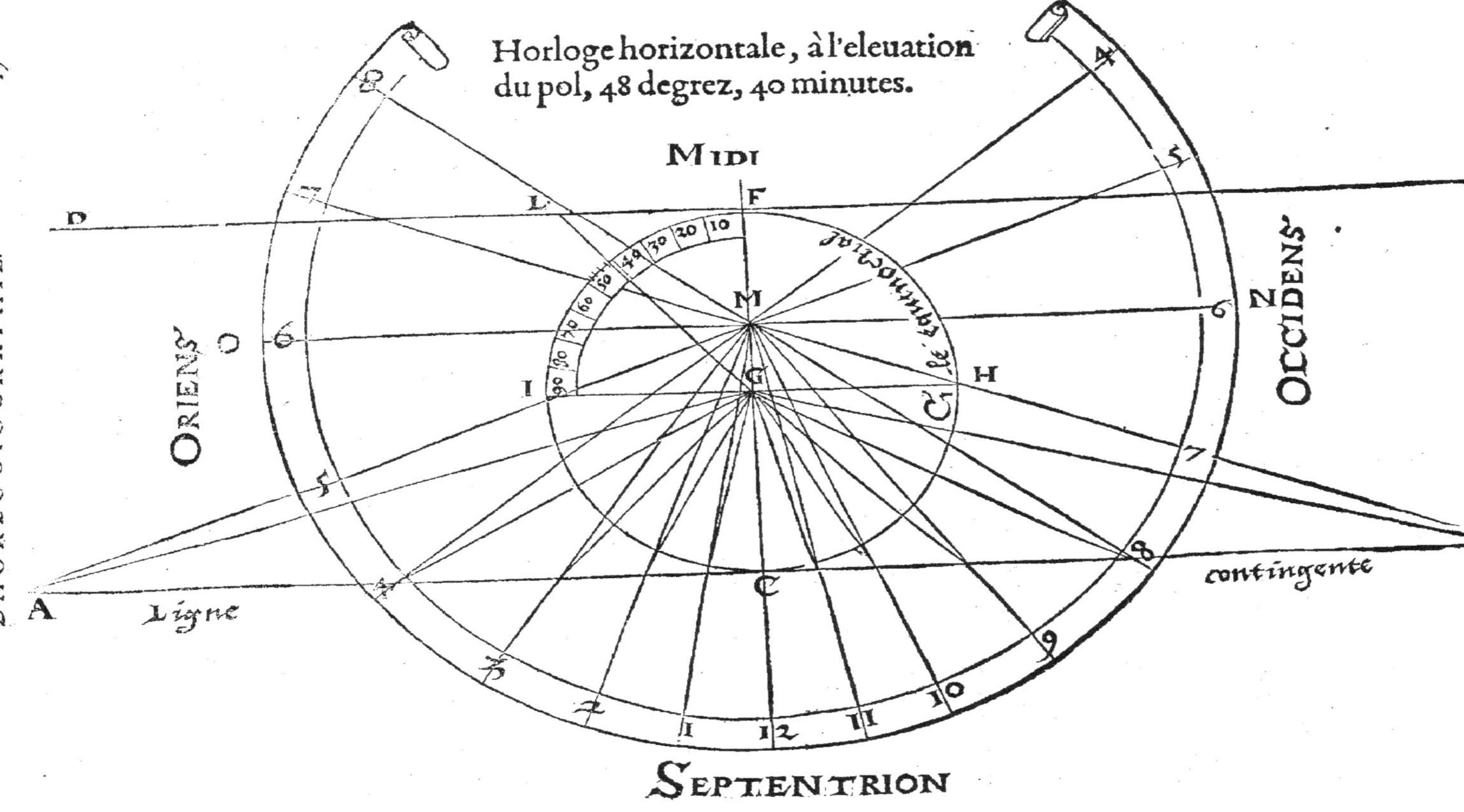

Horloge horizontale, à l'eleuation du pol, 48 degrez, 40 minutes.
MIDI
SEPTENTRION
ORIENS
OCCIDENS
Ligne
contingente
le equinoctial
A
D
F
M
G
C
H
I
L
N
O

POur fabriquer & deſcrire vne horloge laterale, orientale ou occidentale, en vne muraille, tronc de bois, pierre, ou autre choſe ſemblable : qui regarde preciſement, & iuſtement la partie d'oriēt, ou d'occidēt, ſans decliner ou incliner de nulle part. Faut premierement au mur, ou autre ſuperfice plaine, faire & tirer vne ligne iouxte l'eleuation de l'equinoctial. C'eſt, que de la partie ſeptentrionnale, tirant vers la partie de midi, elle ſoit autant eleuee que contient l'eleuation de l'equinoctial de ta regiō. Et pour faire ladite ligne equinoctiale, faut tirer vne ligne droite repreſentāt l'horizon, & ſur le bout d'icelle, vne autre ligne perpendiculaire, & à angle droit ſur ladite ligne, au poinct A, & ſoit la ligne de l'horizō A, I, & la ligne perpēdiculaire ou verticale A, K. Ce fait, mets le pied du compas au poinct A, en l'angle : & l'autre pied eſtendu à ton plaiſir, deſcris le quart de cercle B, C, lequel par la maniere cy deuant dite, faut diuiſer en 90 parties egales, & conter de B, vers C, l'eleuation du pol artique, ou de C, vers B, l'eleuation de l'equinoctial de ta region, & ou le nombre finera feras la note D, & mettant la reigle ſur le poinct A, d'vne part, & ſur la marque D, d'autre part, tire ladite ligne equinoctiale de longueur ſuffiſante pour l'horloge que lon veult faire, comme au poinct F, & ayant ainſi tiré ladite ligne, faut tirer vne ligne orthogonale, interſequant ladite ligne equinoctiale au poinct E, laquelle ligne repreſentera l'axe du monde iouxte l'eleuation du pole. Finablement, pour deſcrire les heures, faut mettre vn pied du cōpas au poinct E, & deſcrire le cercle equateur H, F, & G, M. En apres, des poincts H, & G, faut tirer deux lignes equidiſtātes, & paralleles, à la ligne equinoctiale des poincts G, & H, tirant vers les poincts C, B, leſdites lignes ſeront dites lignes contingentes. Ce fait, le quart du cercle equateur M, H, ou M, G, lequel que lon voudra, ſoit diuiſé en ſix parties egales, & mettant la reigle au centre E, & ſur chacune diuiſion, ſoit tiré des lignes occultes du centre E, iuſ-

ques à la ligne contingente H, C, & y foit fait des marques qui
feront pour les heures : & apres auoir fait & marqué les heures
à l'vne defdites lignes contingentes, faut prendre auec le côpas
la diftance de chacune heure, depuis le poinct H, de la ligne de
l'axe, iufques à chacune defdites marques, que faut raporter
fur l'autre ligne contingente, en pareille diftance du poinct G,
que font les autres du poinct H, puis faut mettre la reigle fur les
marques defdites deux lignes contingentes, & tirer vne ligne
aparente d'vne marque à autre, & continuer les autres heures,
tirãt lefdites lignes d'vn poinct à l'autre, puis defcris leur nombre, affauoir fur la ligne de l'axe 6 heures, & la plus prochaine a-
pres 7 heures, & l'autre enfuyuãt 8, & ainfi d'heure en heure,
iufques à 11 heures, & non plus. Et faut noter que le foleil mon-
tant fur noftre horizon iufques à midi, l'ôbre du ftile (en icelle
horloge) croift & alonge : & depuis midi, retournant vers l'ori-
zon en la partie occidëtale, ladite ombre decroift, & remôte (en
ladite horloge) depuis la partie feptentrionnale tirãt à la partie
du midi, & fe monftre iufques à foleil couchant. Et le matin fe
môftre de l'autre part, depuis foleil leuãt iufques à 11 heures defcendant l'ombre de la partie de midy vers la partie feptétrionnale. Quand à l'heure de 12 heures elle ne fe peult demonftrer
efdites horloges orientales & occidentales, regardant iuftemët
lefdites parties d'orient & d'occident. Pour-autãt que le foleil,
eftant paruenu à l'heure meridienne, l'ombre du ftile eft parallele à la fuperfice defdites horloges, & n'y peult attoucher fi
l'horloge n'eftoit inclinee. Et parce qu'en noftre region le foleil
leue deuant 6 heures du matin, & couche apres 6 heures du
foir, faut, en l'horloge oriëtale defcrire 4 & 5 heures du matin,
& en l'horloge occidentale 7 & 8 heures du foir. Et pour icelles
defcrire, faut en l'horloge orientale prendre auec le compas la
diftance de 6 heures à 8 heures, & celle diftance tranfporter de
l'autre part de la ligne de 6 heures, & fera la ligne de 4 heures
du matin. Semblablement prendre la diftance de 6 heures à 7
heures, & la tranfporter de l'autre part, l'on aura la ligne de 5

heures du matin. Et par ſemblable, tranſportant (en l'horloge occidentale) les diſtances de 6 heures à 5 heures, & 4 heures : de l'autre part de la ligne de ſix heures lon aura les lignes de 7 & 8 heures du ſoir. La longueur du ſtile des horloges orientales & occidentales eſt la moitié du diametre du cercle equateur, E,F, & ſe doit poſer & aficher droitement à centre E, egalement diſtant des poincts F, H, M, G, ſans incliner de nule part, eſtant eleué, ou ſortant hors l'horloge, autant qu'eſt la diſtance E, F, qu'eſt la moitié du diametre F,M, cóme il apert par ceſte figure

Horloge orientale, quand le mur regarde droitement l'orient, à l'eleuation du pol, 48 degrez, 40 minutes.

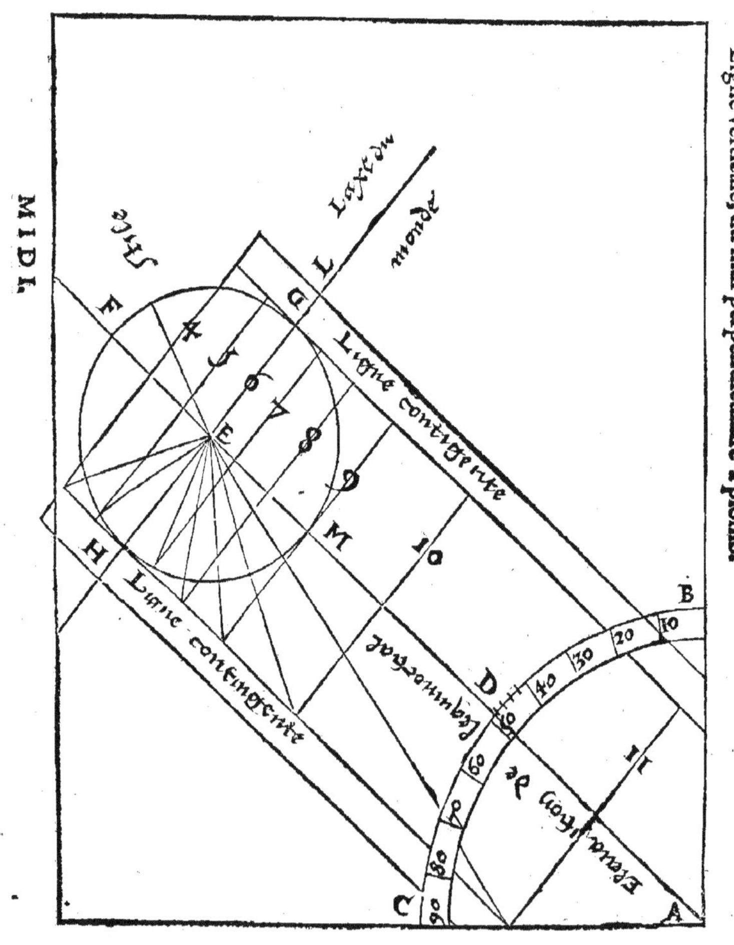

Les horloges laterales occidétales, sont semblables & ne different en rien aux horloges oriétales, & se fabriquét par mesme maniere que les oriétales, en gardant tousiours la hauteur de l'equinoctial: & à celle hauteur, tirer la ligne equinoctiale, môtant de la partie septentriônale vers le midi. Et ou en l'horloge orientale lô descrit les heures de deuât midi, faut en l'horloge occidétale descrire les heures d'apres midi, & à l'opposite de celles descrites en l'horloge oriétale. Et faut entêdre que ou l'on descrit 11 heures en l'horloge orientale, faut descrire 1 heure en l'horloge occidétale: & sert l'oriétale pour le matin iusques à midi. Et l'occidétale depuis midi iusqu'à soleil couchât. de ce ésuit la figure.

Horloge occidétale quád le mur regarde droit l'occidét, à l'eleuation de 48 deg. 40 m̃.

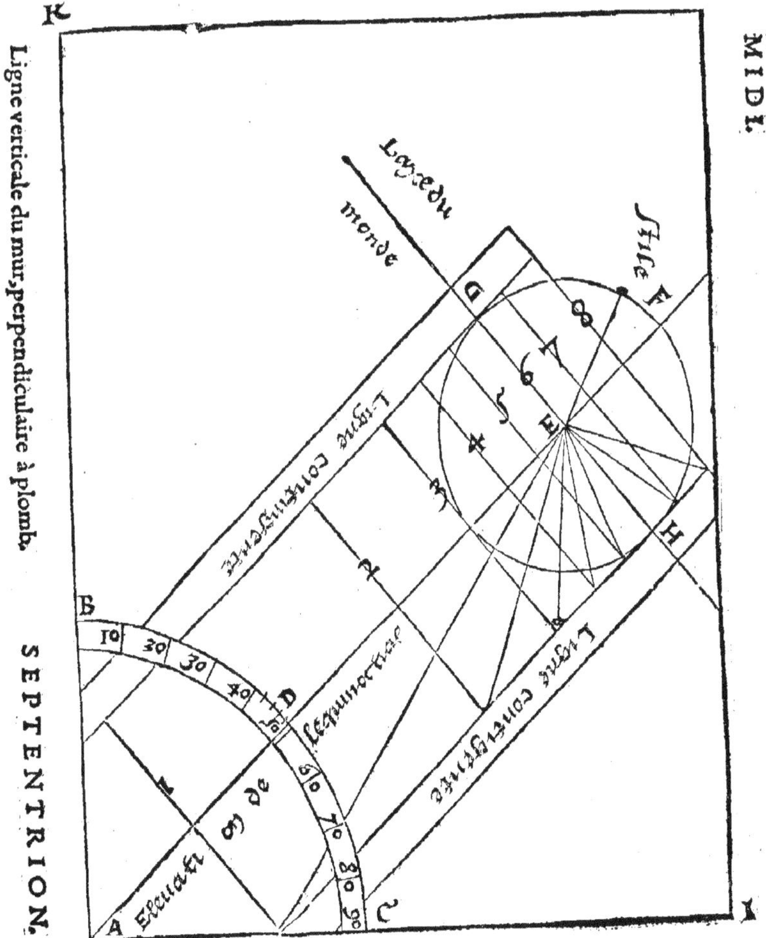

AVTRE MANIERE DE FABRIQVER
les horloges orientales & occidentales.
Chapitre VII.

POur defcrire & fabriquer l'horloge orientale, par autre maniere que la precedéte, faut defcrire, en quelque fuperficie plaine, vne ligne droite qui foit B,D, & fur icelle foit defcrit vn demy cercle qui foit B,C,D, duquel le cétre foit A. Ce fait faut departir ledit demy cercle en deux parties, ou quarts, par la ligne droite & perpendiculaire A, C, & chacun quart du demy cercle foit diuifé en 90 parties egales. Ce fait, faut cóter l'eleuation du pol (de la region) en la quarte partie C, D, comméçant au poinct D, & ou le nombre finera, fais vne marque, & tire vne ligne droite qui foit A, E. Et en l'autre quarte partie du cercle, qui eft B,C, conte la plus grande declination du foleil, fçauoir eft 23 degrez, 30 minutes, commençant au poinct C, tirant vers le poinct B, & ou finera le nombre, mets vn pied du cópas, & de l'autre pied du compas ouuert, defcris vn cercle, grãd ou petit, felon la grandeur de l'horloge que lon veult fabriquer. Ce fait, du centre d'iceluy cercle, faut tirer vne ligne droite perpédiculaire fur la ligne A, E, icelle ligne reprefentera l'eleuatió de l'equateur (ou equinoctial) & foit figné, les interfections que le cercle fait en icelle ligne, par les letres G,H, & foit la letre G, en l'interfection fuperieure, & la letre H, en l'inferieure. Finablement faut diuifer ledit cercle en quatre parties, & faut tirer vne ligne orthogonale & croifant la ligne de l'eleuation de l'equateur, qui foit figné I, K, qui fera la ligne de 6 heures en ladite horloge. Ce fait, faut tirer vne ligne paffant par le poinct I, en l'interfection du cercle, & de la ligne de 6 heures qui foit parallele à la ligne de l'eleuation de l'equateur, laquelle fera la ligne contingente : puis apres foit diuifé le quart H,I en fix parties egales, & foit tiré des lignes occultes, du centre, paffant par chacune diuifion dudit quart de cercle, iufques à la ligne contingente. Et ou ils attoucheront ladite ligne contingente foit fait des marques, & foit tiré vne autre ligne contingente, au poinct

K,

K, aufsi parallele à la ligne de l'equateur, laquelle(fi on veult) fe
peult faire & tirer à telle diftãce de la ligne de l'equateur, qu'eft
l'interfection de la circonference du demy cercle, premier defcrit fur la ligne A,E. Et auec le compas faut rapporter en ladite
ligne, les marques faites pour les heures en l'autre ligne contingente. Ce fait mettant la reigle fur les deux diuifions ou marques pour chacune foit tiré les lignes des heures, d'vne ligne
contingente à l'autre, qui toutesfois foyent paralleles à la ligne
de 6 heures qui eft I, K. Finablement, faut defcrire le nombre
des heures, chacune en fon endroit, affauoir, à la ligne plus prochaine de la ligne de 6 heures, faut defcrire 7 heures: & en l'autre ligne enfuiuant, 8 heures : & les autres fuiuant felon leur ordre, iufques à 11 heures. Et pource que (comme deuant a efté
dit) aux iours d'efté le foleil leue deuant 6 heures, faut tranfporter les diftances de 6 heures à 7 & à 8 heures outre, & de l'autre
part de ladite ligne de 6 heures, & tirer les lignes de 4 & 5 heures du matin, comme a efté declaré cy deuant en la fabrication
de l'horloge orientale. La longueur du ftile eft la moitié du diametre du cercle des heures. Et pour plus facile intelligence a e-
fté mis la figure qui f'enfuit.

RECVEIL

Figure de l'horloge Orientale.

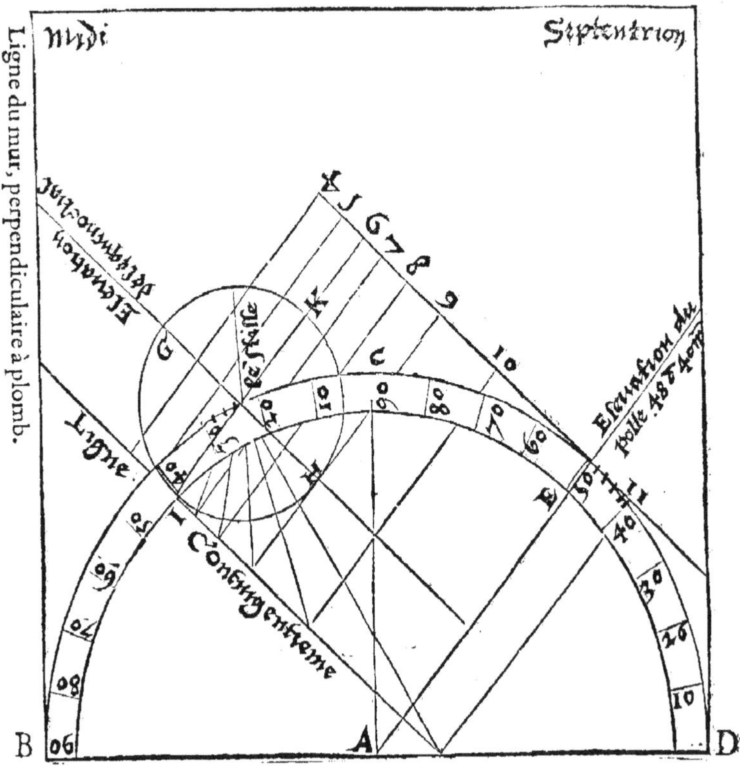

Pour fabriquer (par ceste maniere) l'horloge occidentale fer-
uant pour les heures d'apres midi, faut proceder par la maniere
qu'a esté procedé à la fabrication de la precedéte horloge orientale, en suputant par mesme ordre l'eleuation du pole, & par có-
sequent, la hauteur de l'equateur, iouxte la plus grande declination du soleil : & est vne mesme fabrication, & mesme maniere
de faire, sinó que ce qui est descrit en l'horloge oriétale au quart
B, C, est descrit (en l'horloge occidentale) au quart C, D, au contraire de l'autre, de sorte qu'en la superficie occidentale, le quart
B, C, est septétrióal, & le quart C, D, meridional, & n'est qu'vn
rechangemét, pour rapporter à l'opposite de l'autre, & par mesme maniere la descrire que l'autre, sinon qu'és lignes des heu-

res faut deſcrire leur nombre par ordre, pour les heures d'apres
midi. Et note qu'il faut cóter l'eleuation du pole au quart B, C,
tirant de B, vers C, & du centre A, tirer la ligne A, E, & par
meſme maniere tirer la ligne de l'equateur, & la ligne de l'inter
ſection d'icelle, pour la ligne de 6 heures, & ſemblablement le
cercle des heures G, I, H, K, & le tout paracheuer comme il a
eſté dit de l'horloge orientale.

DESCRIPTION, ET FABRICATION
des horloges pendentes, eſtendues iouxte la
ligne de l'axe du monde.
Chapitre VIII.

Es horloges, que nómons pendĕtes, ſont horizontales ſous
l'equinoctial, pendĕtes & inclinees iouxte, & le lóg de la ligne de l'axe du móde, diuiſant & coupát la ligne de l'equateur,
& la croiſant à angles droits. De laquelle horloge les heures ſót
paralleles à la ligne de 12 heures, comme és horloges orientales
& occidentales les heures ſont paralleles à la ligne de 6 heures.
Et pour fabriquer & deſcrire icelle horloge pendente ſur vne
trouſſe de bois, pierre, ou autre choſe ſemblable, faut par la hau
teur de l'equinoctial tirer la ligne de l'equateur: puis tirer vne
autre ligne orthogonale interſequát & croiſant ladite ligne de
l'equateur à angles droits, laquelle repreſentera l'axe du móde.
Et iouxte, & le long & pĕte de ladite ligne de l'axe, faut preparer la ſuperfice plaine pour y deſcrire ladite horloge. La ſuperfice preparee ſoit tiré vne ligne droite au milieu, & le long d'i-
celle qui ſoit B, C, repreſentant la ligne equinoctiale: & au milieu de ladite ligne ſoit tiré vne autre ligne orthogonale interſequát & croiſant icelle au poinct A, qui ſera la ligne de 12 heures eſtendue le long de la ligne de l'axe. Ce fait, mets vn pied
du compas au poinct A, & le cópas ouuert de l'autre pied deſ-
criras le cercle des heures, qui eſt le cercle equateur, grand ou
petit à ta diſcretion: lequel cercle ſoit diuiſé en quatre parties

D.ij.

egales, qui foyent marquees D, E, F, G, & faut tirer vne ligne droite (qui fera la ligne contingente) parallele à la ligne B, C, diftante de ladite ligne B, C, de la moitié du diametre du cercle equateur, & attouchât à la circonferéce dudit cercle, au poinct D, & foit marquee icelle ligne contingente H, I. Ce fait, faut diuifer le quart du cercle D, E, en fix parties egales, & marquer les poincts de chacune diuifion en la circonferéce, puis foit mife la reigle fur le centre A, & fur chacune diuifion, tirant des lignes occultes dudit centre A, par chacun poinct de la diuifion, iufques à la ligne contingente H, I, & ou icelles lignes occultes ou obfcures, attoucheront ladite ligne contingente, foit fait des poincts ou marques, confequemmét, pour defcrire les heures, faut tirer vne autre ligne droite parallele à la ligne B, C, de l'autre part du cercle equateur, à l'oppofite de la ligne contingente H, I, & de pareille longueur, qui foit K, L. Ce fait, auec l'ouuerture du compas, faut prédre les diftances depuis la ligne de 12 iufques à chacun poinct des heures qu'a efté marqué fur la ligne contingente H, affauoir, de la ligne de 12 heures vers le poinct I, & icelles diftances rapporter fur ladite ligne H, I, de l'autre part de la ligne de 12 heures tirât vers le poinct H, & toutes celles diftances faut aufsi rapporter fur la ligne L, K, chacun poinct en pareille diftance qu'en ladite ligne H, I. Et faut noter que lefdites lignes H, I, &, K, L, font diftantes l'vne de l'autre de la largeur de l'horloge, & paralleles à la ligne equinoctiale B, C. Finablement, ayant rapporté les poincts & diftances des heures fur ladite ligne K, L, faut mettre la reigle fur lefdits poincts, & tirer les lignes des heures d'vn poinct à autre, chacun en fon endroit, depuis la ligne H, I, iufques à la ligne K, L, qui feront paralleles à la ligne de 12 heures, aufquelles lignes des heures foit defcrit leur nóbre, fçauoir à la plus prochaine de la ligne de 12 de la partie vers orient 1 heure, & en l'autre fuyuant 2 heures, puis 3 & 4 heures, qui font les heures d'apres midi. Et de l'autre part(qui eft d'occident) foit defcrit les heures de deuant midi, affauoir, à la plus prochaine de la ligne de 12 heures, foit defcrit 11, l'autre ensuyuant 10, & ainsi des autres. Et faut entendre qu'en ceste region, lesdites horloges ne peuuent môter plus que iusques à 7 heures deuant midi, & 5 apres midi. Le stile se met au poinct A, droitement eleué à angles droits, sans incliner de nulle part. La longueur dudit stile est le demy diametre du cercle equateur A, D. De ladite description ensuit la figure.

Horloge pendente à l'eleuation du
pole 48 degrez, 40 minutes.

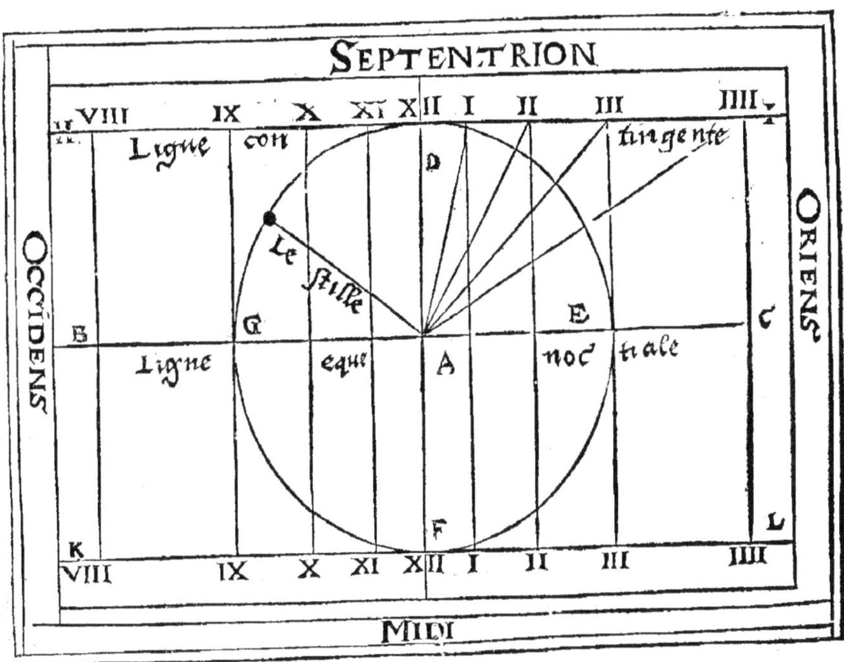

DESCRIPTION ET FABRICA-
tion des horloges equinoctiales
Chapitre. IX.

LEs horloges equinoctiales, regardant la partie du pole artique, & inclinees vers la part septentrionnale, se font en
vn tróc de bois, pierre, ou autre matiere, duquel la superfice est
couchee le long de la ligne equinoctiale iouxte l'eleuation d'i-
celle, de la region ou lon veult faire & fabriquer ladite horloge. Laquelle superfice est horizótale à ceux qui habitent sous le
pole artique, & est appelé equinoctiale à cause qui est incliné le
long de ladite ligne equinoctiale, de laquelle horloge equinoctiale, la fabrique est telle. Soit fait sur ladite superfice vn cercle
grand ou petit à discretion, qui soit B, C, D, E, & le cétre soit A,
lequel cercle soit diuisé en 24 parties egales. Et du centre A, par
chacune diuisió faut tirer les lignes des heures iusques au bord
de l'horloge. Ce fait, faut descrire les heures, à chacune son nóbre, assauoir à la ligne B, A, D, qui est la ligne meridienne, faut
descrire 12 heures en la part septentriónale, au poinct B, & les au
tres heures chacune selon son ordre, depuis 4 heures du matin,
qui est le soleil leuant en nostre region, iusques à 8 heures apres
midi, qui est le soleil couchant, en denotant les heures de deuất
midi à la partie occidentale, & les heures d'apres midi, à la partie orientale. Et faut entendre que lesdites horloges se diuisent
seulement en 24 heures, ou parties egales sans ralongement. Le
stile desdites horloges equinoctiales se doit poser au centre A,
par telle maniere que la sumité d'iceluy soit egalement distant
de la circonference du cercle, & iouxte la ligne de l'axe du mon
de. La lógueur dudit stile n'a aucune proportion, & ne peult e-
stre si peu eleuee que l'ombre ne passe outre la superfice de ladite horloge (ou à tout le moins) qu'elle ne rende ombre suffisan-
te pour demonstrer les heures, ce que non aux horloges orientales, occidentales & pendentes, desquelles le stile est le demy
diametre du cercle des heures. Et faut entendre que ceste horloge ne peult seruir tout le long de l'annee, mais seulement de-

puis l'equinocce vernal ou comméce le printemps, iufques à l'e-
quinocce d'automne, ou le foleil paruient és fignes feptétrion-
naux, en laquelle horloge faut defcrire toutes les heures du iour
artificiel, & pour auoir les heures, & faire feruir ladite horloge
tout le long de l'annee, faut fabriquer ladite horloge equinoctiale en vne autre fuperfice plaine deffous, & à l'oppofite de la
deffufdite, laquelle foit aufsi iouxte, & le long de la ligne equinoctiale au deffous d'icelle, & aura en ladite horloge deux fuperfices l'vne deffus & l'autre deffous, & celle de deffous feruira
depuis l'equinocce d'automne, iufques à l'equinocce vernal, &
ainfi feruiront pour toute l'annee. Et à l'horloge de deffous, qui
fera nómee equinoctial inferieur, faut feulemét defcrire vn demi cercle diuifé en 12 parties egales pour les 12 heures du iour:
car elle ne peut demonftrer plus que 12 heures, & le refte des heures fe demonftre en l'horloge de deffus, qui fera nommé equinoctial fuperieur. Duquel enfuyt la figure.

Horloge equinoctial fuperieur.

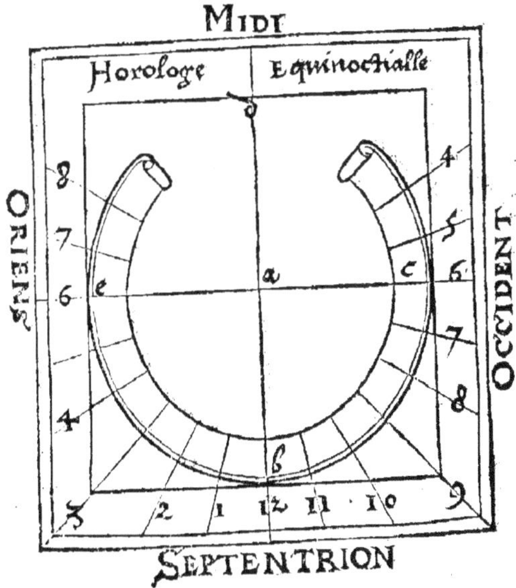

Lon peult aufsi fabriquer & defcrire plufieurs efpeces d'horloges equinoctiales, tant fur trouffe de bois, pierres, qu'autres chofes femblables, comme deuãt a efté dit, que aufsi fur cuiure, laton, & autres metaux: & les porter d'vne region à autre, en y mettant vne efguille aimantee, que les mariniers appellent cõpas, en obferuãt en chacune region, l'eleuatiõ de l'equinoctial, & y mettre l'horloge, & donner la pente. Et aufsi icelles horloges equinoctiales peuuent eftre vniuerfelles, y appliquãt & anexant vn quart de cercle diuifé en 90 parties egales : & fur iceluy quart hauffer & abaiffer ladite horloge, iufques au degré de l'eleuation de l'equinoctial, & ainfi eftant, & le ftile adreffé au centre de l'horloge, le rayon du foleil demonftrera l'heure. Et peult on accõmoder lefdites horloges equinoctiales en plufieurs & diuerfes fortes & manieres que laiffons à la difcretiõ du fabricateur. Et faut entédre que ceux qui habitent fous l'equateur, peuuent auoir horloges, tant à plat que contre le mur, mais differẽtes à celles de cefte region. Et le foleil eftant en l'equinocce & commencement d'Aries & Libra, l'axe du monde n'eft eleué de nulle part, mais eft comme l'horizon. Et les horizontales de celle region, ont pour les heures lignes paralleles de 6 à 7 & à 8 heures deuant midi, & 4 à 5 & 6 heures apres midi, & grandement diftantes, qu'ils ne peuuẽt auoir en leurs horloges plus de 6 heures : car en celle region le foleil leue & couche à 6 heures. Et cõme dit eft des autres horloges, les heures tant deuant qu'apres midi, font diftantes & paralleles les vnes aux autres, & fe fabriquent cõme l'horloge pendente defcrite cy deuant au huitieme chapitre de ce prefent traité: Car ladide horloge pendente eft horizontale fous l'equateur. Le ftile d'icelle horloge, reprefentant l'axe du monde, eft eleué egalement diftant de la fuperficie de l'horizon. Et aux murs lon peult defcrire les horloges d'vn cofté & d'autre, ainfi que le foleil fe tourne vers l'vn & l'autre tropique. Et pour defcrire les heures és horloges de celle region, faut tirer & faire vn demy cercle en vne plaine d'icelle fuperficie de l'equateur, tant de la part meridionale que feptentrio-

trionnale qui foit departy en 12 parties egales deffignāt les horloges verticales, defquelles le ftile & axe eft mis & pofé au cētre
d'iceux à droits angles. Lon peult aufsi(fous ledit equateur) fabriquer vne horloge horizōtale en la cauature dvn demy cercle
& y defcrire les heures en la maniere qui enfuit.Soit fait vne fuperfice,fur laquelle foit tiré vn demy cercle,& cauer ladi.fuper-
ficie felō la grādeur du demy cercle, & foit la cauature dudit de
my cercle departie en 12 parties egales pour les 12 heures,& tirer
les lignes des heures, d'vne part & bord de la cauature à l'autre,
par le trauers d'icelle,& foyēt icelles lignes des heures paralleles
les vnes aux autres,& à icelles defcrire leur nōbre pour demonftrer les heures tant deuant qu'apres midi. Le ftile ou oftenfeur
des heures doit eftre mis & tenir à la cauature d'icelle horloge,
tellement que ledit ftile reprefente l'axe du mōde ne declinant
de nulle part,& doit eftre parallele à la ligne de l'horizon. Et és
coftez de ladite horloge, regardant l'orient & l'occident, lon y
peult defcrire les heures tant deuāt qu'apres midi, tirees par vn
quart de cercle,duquel le demy diametre eft la longueur du ftile demonftrant les heures, lefquelles heures fe tirent par lignes
paralleles à l'horizon,& pofer le ftile(ou indice) en la ligne de 6
heures,au demy diametre comme deuant a efté dit, & fe monftre l'heure comme és horloges orientales & occidentales, defquelles a efté traité cy deuant, ou les ftiles font attachez & con-
ftituez à angles droits en la ligne de 6 heures. Et pour fabriquer
(en celle region)l'horloge verticale,faut produire & tirer en la
fuperfice horizontale, vne ligne, de la partie orientale vers la
partie occidentale, laquelle departira & coupera la ligne meridienne à angles droits, & fur icelle faire les partitiōs des heures
par lignes droites tirees des diuifiōs & lignes paralleles, & defcrire leur nombre tant deuant qu'apres midi. La ligne meridiéne eft la ligne de 12 heures : le ftile eft perpendiculaire à la muraille & à angles droits: la longueur d'iceluy eft le demy diametre du cercle des heures,pofé fur la ligne meridienne fans incliner de la ligne de l'axe. Cecy eft entendu des horloges qui font

E.j.

sous l'equateur seulement. L'on peult aussi (en autre region) fabriquer vne horloge equinoctiale & concaue comme la precedente, luy donnant la pante comme és horloges equinoctiales
dont cy deuant auons traité en ce present chapitre, & faire que
la pante de la cauature soit iouxte & le long de la ligne de l'axe,
& y descrire les heures, & poser le stile comme en l'horloge cy
deuant descrite, de laquelle ensuit la figure.

Figure de l'horloge sous l'equateur, en
superficie concaue, droite, & horizontale.

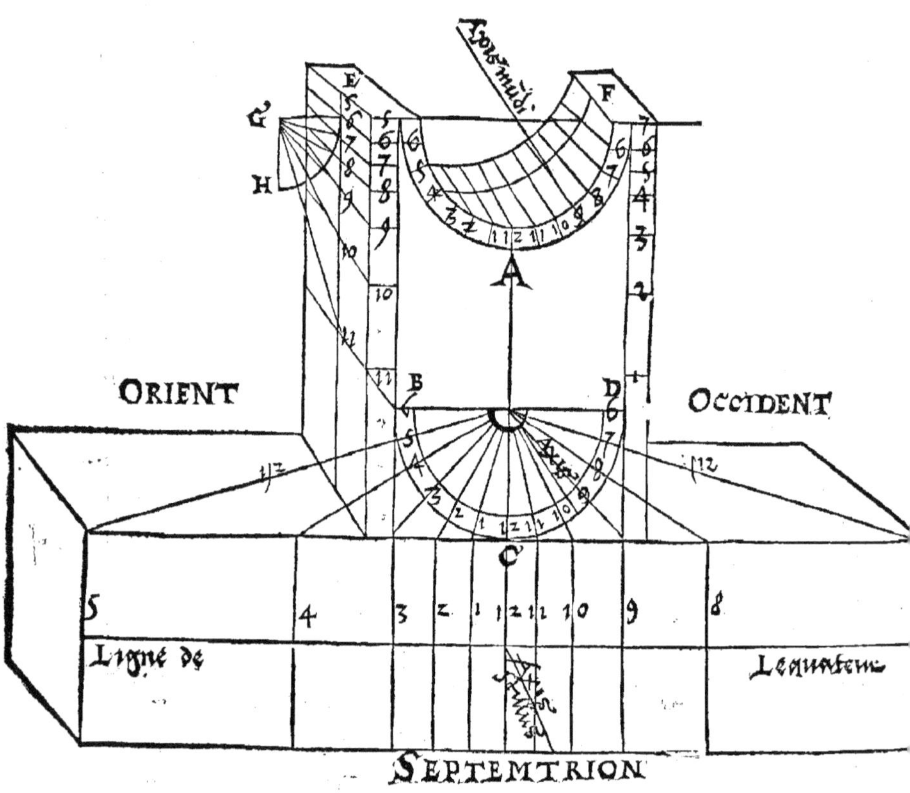

Ceux qui habitent ſous le pole, où l'axe eſt perpendiculaire
ſur l'horizon, leurs horloges contre les murailles ſont par lignes
paralleles & perpendiculaires, tirees par vn demy cercle, diuiſé
en 12 parties egales comme l'horloge pédente dont a eſté traité
cy deuant au huitieme chapitre. Et leur ſtile perpédiculaire au
mur & à droits angles, & leurs horloges horizótales ſont fabri-
quees par vn cercle party en 24 parties egales pour les 24 heures,
tirant les lignes des heures du centre iuſques au bord de l'horloge. Le ſtile eſt droit eleué perpendiculaire ſur le centre de ladite horloge, à droits angles & iuſtement ſous le pole, & eſt cóme
l'horloge equinoctiale cy deuát deſcrite au commencement de
ce chapitre.

DESCRIPTION FONDAMENTALE, POVR LA
fabrication des horloges horizontales, verticales, pendentes, laterales, & equinoctiales, par autre maniere que deuant.
Chapitre. X.

LEs horloges horizontales, verticales, pendentes, laterales &
equinoctiales ſe peuuét deſcrire & fabriquer tous d'vn meſme trait, comme eſt demonſtré par la figure cy apres miſe, laquelle peult ſeruir de fondemens pour la fabrication deſdites
horloges, dont la fabrication eſt telle. Soit tiré vne ligne droite
perpédiculaire ſur quelque plaine, qui ſoit F, E, ſur le milieu de
laquelle ſoit tiré vne autre ligne droite orthogonale qui ſoit, A,
B, repreſentant la ligne de l'equinoctial, puis ayant recours au
quadrã (ou quart de cercle) premier deſcrit au premier chap. de
ce liure, ſeruát de fondemét pour leuer les ſtiles des horloges. Et
auec l'ouuerture du cópas, ſoit pris la diſtáce A, G, en la ligne de
l'eleuation de l'equinoctial, & tráſporter celle diſtáce au poinct
A, en ladite ligne F, E, derniere deſcrite, & le cópas ainſi ouuert
ſoit mis vn pied au poinct A, & tornát l'autre pied ſoit deſcrit le
demy cercle equateur. Et de la diſtáce dudit demy cerc. ſoit tiré
deux lignes cótingétes qui ſoyét G, C, & G, D, paralleles à la lig.
equinoct. A, B, & ſoit le demy cercle diuiſé en 12 parties egales,
puis faut tirer des lig. obſcures ou peu apparétes du centre A, par

chacune diuifion , iufques aux lignes contingentes , tant d'vne
part que d'autre, & marquer fur icelles lignes contingentes l'at-
touchemēt defdites lignes du centre. Ce fait, faut tirer (d'vne ligne contingēte à l'autre) des lignes d'vne marque à autre, paralleles à la ligne F, E, croifās la ligne equinoctiale à angles droits,
ainfi que lon fait és horloges pendentes & laterales. Et faut entendre que la ligne A, G, eft la ligne de 12 heures pour les horloges pendentes, & faut defcrire les autres heures, fçauoir 1, 2, 3, 4,
& 5 heures apres midi, & 7, 8, 9, 10, & 11 deuāt midi, en rappor-
tant leurs diftances de l'autre part de la ligne de 12 heures , car
en la figure n'eft demonftré que la moitié defdites horloges. Et
quand aux horloges laterales , la ligne A, G, reprefente la ligne
de 6 heures, en laquelle faut defcrire 6, & finablement defcrire
les autres heures fuyuant leur ordre comme deuant a efté dit, &
retourner les heures outre la ligne de 6 heures , pour les heures
du matin & du foir , par la maniere qu'il a efté dit & demonftré
au chapitre traitant defdites horloges laterales, oriētales, & occidentales. Le ftile d'icelles horloges eft la diftance A, G, qui eft
le demy diametre du cercle equateur. Et pour fabriquer les horloges horizontales & verticales, faut (comme a efté dit cy deuāt
aux chapitres defdites horloges horizōtales & verticales) prendre , auec l'ouuerture du compas , au quadran premier defcrit
(pour leuer les ftiles) la diftance des poincts A, & F, en la ligne
verticale, pour l'horloge verticale, & la diftance des poincts A,
E, en la ligne horizontale pour l'horloge horizontale. Et celles
diftances rapporter en la ligne F, E, de ce prefent fondement, &
le cōpas ouuert, à icelles diftances marquer les poincts F, E, qui
ferōt les centres des cercles des heures , tant pour le vertical que
pour l'horizontal , & tirer les heures du centre de chacune horloge, iufques és marques d'icelles heures faites és lignes contingentes, & proceder par mefme maniere qu'a efté dit de chacune
horloge en fon endroit: & les ftiles mettre & pofer comme il eft
requis pour lefdites horloges. Et l'horloge equinoctiale eft le
cercle equateur diuifé en 24 parties egales, & le ftile eleué au cé-

tre de la diſtance du demy diametre. Le tout eſt demonſtré par la figure ſuiuante.

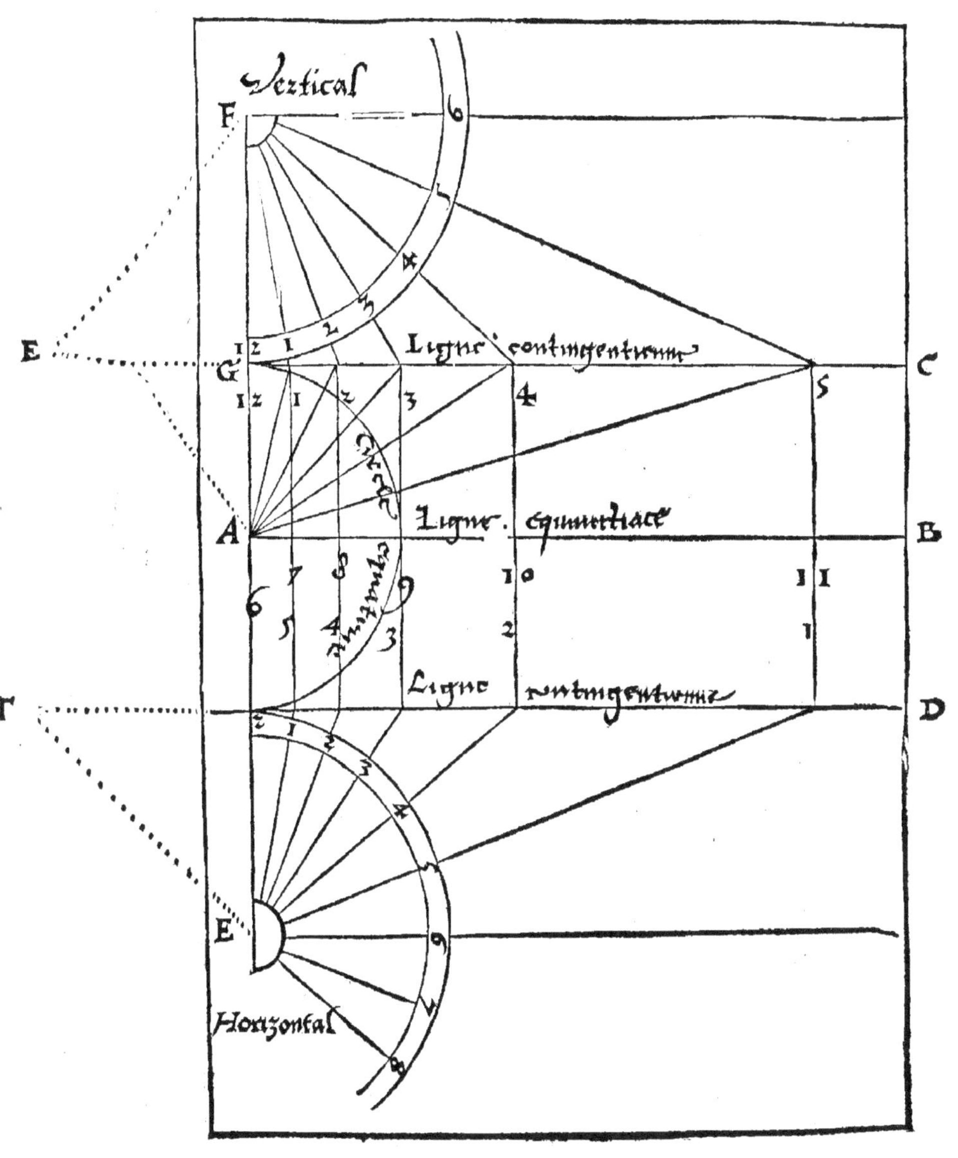

RECVEIL
POVR FABRIQVER ET DESCRIRE
plusieurs horloges en vn tronc, pierre, & autres
semblables.   Chapitre   XI.

L'On peult aussi descrire plusieurs horloges en vne pierre ou tronc de bois, taillés & coupés en plusieurs pans ou faces, à la discretion du fabricateur, & y appliquer les horloges commodes à chacune face dudit tronc ou pierre, donnant la pante ausdites faces ou pans, en obseruāt l'eleuation du pole, & de l'equinoctial, & y adiouster à chacun son stile iouxte & le long de la ligne de l'axe, ou de l'equinoctial, ainsi que l'horloge le requiert comme par exéple : si lon veult descrire en vne tronce de bois, ou en vne pierre, ou autre chose semblable plusieurs & diuerses horloges, faut premieremét descrire vn cercle en vne superficie plaine, sur vn tróc ou pierre, lequel cercle soit A,E,B,D, lequel soit departy en 4 quarts ou quadrãs, par deux diametres A,B,& D,E, croisant l'vn l'autre à angles droits, au cétre C, lequel cercle soit diuisé en 90 parties egal. ou degrez chacū quart. Ce fait, faut cóter l'eleuation du pole de la region (ou lon veult fabriquer icelles horloges) en la quarte B,D, tirant de B, vers D. Et aussi pareillement à l'opposite, conter telle eleuation en la quarte A,E, tirant de A, vers E:& ou fine ledit nombre en iceux deux quarts, faut tirer vne ligne droite trauersant par le centre C, laquelle ligne representera la ligne de l'axe du monde. Et en la quarte A,D, faut conter l'eleuation de l'equinoctial ou equateur, tirāt de D, vers A, & ou le nombre finera, soit fait vne marque. Semblablement au quart B,E, tirant de B, vers E, faut aussi conter l'eleuation de l'equinoctial, & ou finera le nombre y faire vne autre marque. Finablement, faut tirer vne ligne droite d'vne marque à autre, passant aussi au cétre C, laquelle ligne representera la ligne equinoctiale, intersequāt & croisant la ligne de l'axe, à droits angles au cétre C. Et par ainsi le cercle sera departy en huit parties, touteffois non egales, à cause que l'eleuation tant du pole que de l'equinoctial sont plus & moins de 45 degrez, qui est la moitié de 90. Et est departy par quatre lignes,

aſſauoir, la ligne de l'horizõ, qui eſt A,B: la ligne verticale, repre
ſentãt le zenit, qui eſt marquee par ces letres D,E: la ligne equinoctiale marquee f,g: & la ligne h,i, qui eſt la ligne repreſentãt
l'axe du monde. Ce fait, apres auoir tiré leſdites quatre lignes,
pour auoir les huit pans ou faces, pour y deſcrire les horloges,
faut ſur chacune deſdites quatre lignes deſſus declarees (cõme
hors la circonference du cercle) tirer vne ligne orthogonne, interſequant & croiſant icelles, à angles droits. Et le long deſdites
lignes couper & faire leſdits pans ou faces pour y deſcrire leſdites horloges, & ainſi ſerõt preparez les huit pás ou faces, marquez par ces letres A,F,B,G,C,H,D,E, cõe appert en ceſte fig.

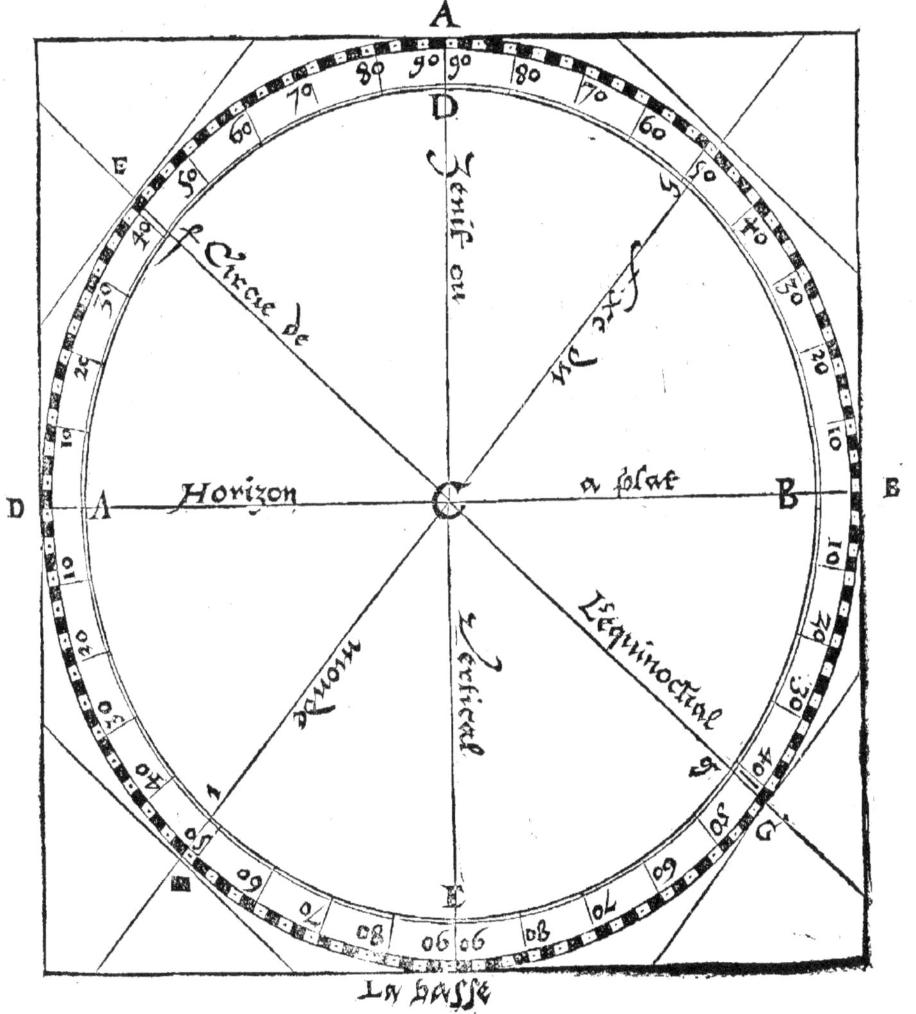

Confequemmēt, apres auoir ainfi difpofé & preparé le trõc
de bois, ou pierre, & l'auoir mis à huit pans ou faces, comme dit
eft, lon y defcrira les horloges ainfi comme f'enfuit. Affauoir,
au pan ou face marqué A, faut defcrire l'horloge horizontale,
par la maniere cy deuãt mife au chapitre des horloges horizon
tales. Au pan ou face marquee D, y foit defcrit l'horloge verticale ou murale defcrite au troifieme chapitre de ce liure, Et au
pan ou face B, qui eft oppofite au pan D, y foit defcrit l'horloge
feptétrionnale oppofite à la verticale de laquelle a efté traité au
dit troifieme chapitre. Pareillement au pan ou face E, foit defcrit l'horloge pendente, fuperieure. Et à fon oppofite qui eft le
pan ou face G, fera defcrite l'horloge pendente inferieure, demonftrant feulement 4 & 5 heures du matin, & 7 & 8 heures du
foir. Finablemēt au pan & face F, foit defcrit l'horloge equinoctiale fuperieure, & au pan H, l'horloge equinoctial inferieur,
& feront defcris fept horloges fur les fept pans ou faces. Le huitieme pan marqué C, eft la baffe fur laquelle eft pofee icelle hor
loge ou tronc. Semblablement, aux deux coftez dudit tronc, ou
pierre, lon y peult defcrire les horloges laterales, orientales, &
occidentales, toutes lefquelles fe fabriquēt par la maniere qu'a-
uons dit, de chacun en fon chapitre, & à chacunes defdites horloges y appliquer fon ftile cõme eft requis. De la prefente defcription enfuit la figure.

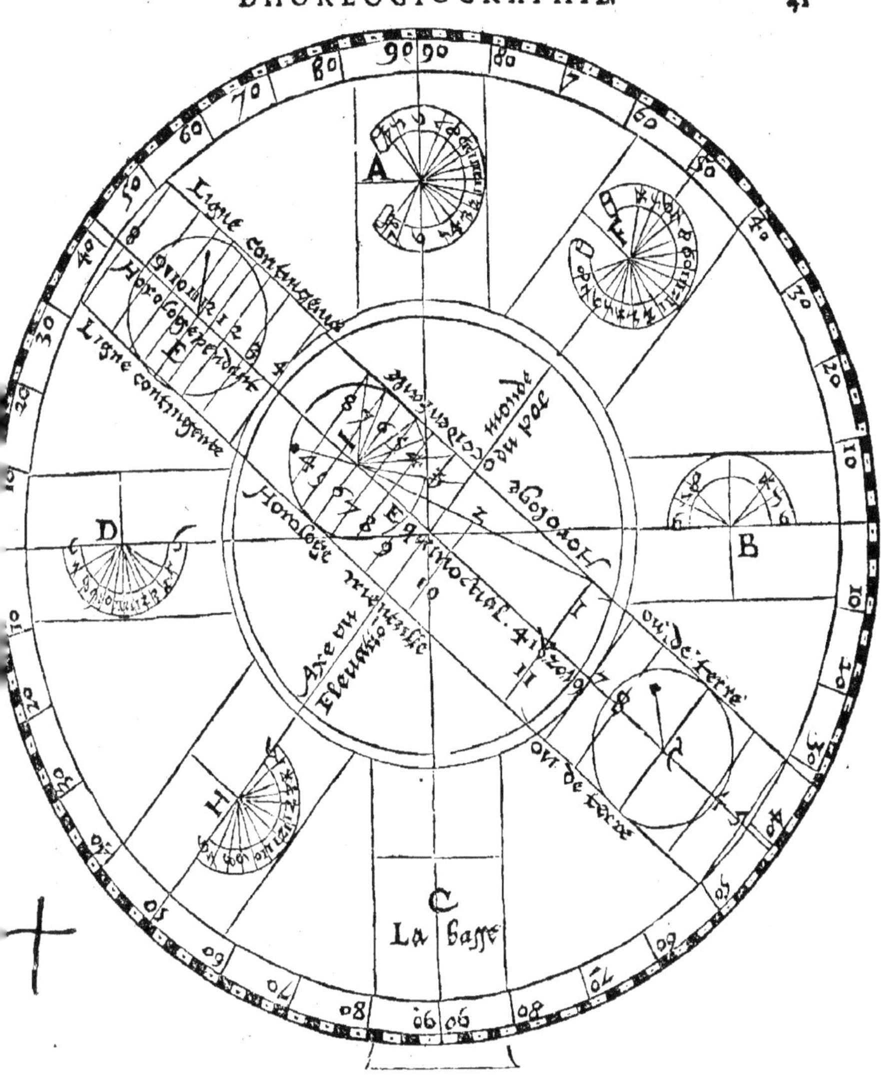

DESCRIPTION ET FABRICATION DES HOR

loges declinees ou inclinees, lefquelles ne regardent droitement le meridien,
mais font inclinees vers la partie d'orient ou d'occident. Chap. XII.

POur la defcription & fabrication des horloges, inclinás ou
declinant du midi, vers orient ou vers occidét, faut premierement preparer & tirer le triangle qui enfuit, feruát de fonda-
tion pour icelles horloges, ainfi que f'enfuit. Soit fait vn quart
de cerle B, C, duquel le centre foit A, lequel foit diuifé en 90

parties egales, & conter la latitude ou eleuation du pole , de B, vers C, & ou finera le nóbre, ſoit fait vne marque: puis faut tirer vne ligne droite dū cētre A, paſſant par la marque de l'eleuatió, qui ſoit la ligne A, D. Et du poinct D, ſoit tiré la ligne D, F, perpendiculaire ſur la ligne A, B, au poinct F, & parallele à la ligne C, A, duquel triangle l'ypothemiſe eſt la ligne A, D. La ligne A, F, la baſſe repreſentent l'horizó ou plat, & la ligne D, F, eſt la cathenſe denotant le mural, cóme eſt demóſtré par ceſte figure.

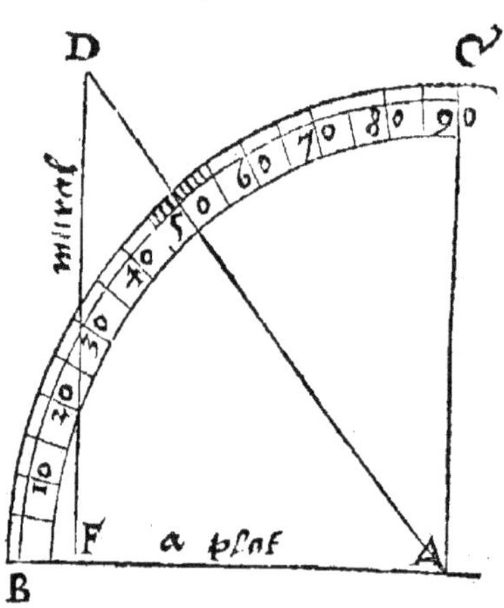

  Pour deſcrire & fabriquer conſequémcnt l'horloge declináte du meridien vers la partie d'orient ou d'occidēt, faut premiere-mēt ſçauoir de cóbiē de degrez le mur (ou ló veult deſcrire l'horloge) decline du midi vers orient ou vers occidēt, qui ſe cognoi-ſtra par la maniere cy apres miſe au xiiii chap. Et pour exéple, poſons que l'horloge que vouló deſcrire, decline 24 degrez de midi vers oriēt. Et pour la fabriquer faut deſcrire en quelque ſu perfice plaine deux grádes lignes orthogonales interſecant ou entrecoupát l'vne l'autre à droits angles, au poinct A, deſquelles la ligne perpédiculaire ſoit B, D, & l'autre C, E. Ce fait, auec l'ou uerture du cópas, ſoit pris (au triangle cy deuant) la diſtáce D, F, & ſoit mis vn pied du cópas au poinct A, & l'autre pied tourné vers le poinct B, & ou le pied du cópas attouchera la ligne A, B, fais le poinct F, qui ſera le cētre de l'horloge que lon veult fabri quer. Finablemēt mettant le pied inimobile du cópas au poinct

A, & ouurãt l'autre pied ſur la ligne A,D, ſoit deſcrit le quart de
cercle g,h, tirant de la ligne a,d, à la ligne a,e, lequel quart g,h,
ſoit diuiſé en 90 parties egales, commẽçant de g, vers h, auquel
cóteras depuis g, la declinatió du mur qui eſt 24 degrez qui faut
marquer audit quart de cercle, & du poinct A, ſoit tiré vne ligne
droite paſſãt par la marque qui a eſté faite audit quart de cercle,
qui ſera la ligne de la declinatió du mur. Et pource que la declination eſt oriẽtale, faut deſcrire ledit quart de cercle en la partie
orientale, qui eſt de D, vers E, à la ſeneſtre partie. Puis apres, faut
prendre auec le compas la diſtance A, F, au triangle precedãt, &
ſelon l'ouuerture du compas à celle diſtãce, mettant vn pied au
poinct A, & l'autre ſur la lig. de la declinatió, ſoit fait le poinct I.
Puis auec le compas faut prendre la plus grãde diſtance qui ſera
entre ledit poinct I, & le demy diametre (ou ligne) A, D : & auec
celle diſtãce faut mettre vn pied du cópas au poinct A, & tourner l'autre pied vers E, & ou il attouchera la ligne A, E, ſoit fait le
poinct K. Ce fait mettant la reigle ſur le poinct F, & ſur ledit
poinct K, ſoit tiré la ligne F, K, laquelle ſera nommee la ligne du
ſtile, ſur laquelle faut tirer vne autre ligne orthogonale interſe
cant ou coupant icelle audit poinct K, à angles droits, que ſera
marqué M, L, & ſera dite ligne cótingẽte: Ce fait, ſoit priſe auec
le cópas la diſtãce du poinct K, au poinct I, & ſelon l'ouuerture
du cópas ſoit tourné le pied ſur la ligne cótingente, & ſoit fait le
poinct N. Finablemẽt du poinct F, audit poinct N, ſoit tiré vne
ligne, laquelle ſera l'eleuatió du ſtile : car le ſtile d'icelle horloge
doit eſtre eleué ſur la ligne du ſtile autant que le poinct N, eſt di
ſtãt du poinct K. Puis ſoit mis l'eſquierre ſur la ligne de l'eleuatió du ſtile, & ſur le poinct K, & ſoit tiré la ligne K, O, marquãt
le poinct O, en la ligne de l'eleuation du ſtile : icelle ligne K, O,
eſt la ligne de l'equinoctial. En apres, pour deſcrire les heures en
icelle horloge, faut prendre la diſtance de l'equinoctial K, O, &
le cópas ainſi ouuert, mettãt vn pied ſur le poinct K, & tournãt
l'autre ſur la ligne du ſtile, ſoit fait le poinct P, & ſeló l'ouuerture
du cópas ſoit deſcrit le cercle equateur, duquel la circonference

paſſera au poinct K. Ce fait, ſoit mis la reigle ſur le poinct P, &
ſur l'interſection de la ligne B,D, & de la ligne contingente, au
demy diametre A,D, qui ſera le poinct Q. Puis faut diuiſer ledit
cercle equateur en 4 parties egales, par deux diametres Q.R, &
S,T, & chacū quart en 6 parties egales, qui ſera en tout 24, à cō-
mencer au poinct Q. Et ayāt ainſi diuiſé ledit cercle, faut mettre la reigle ſur le poinct P, & ſur chacune diuiſion dudit cercle,
faut tirer des lignes occultes iuſques à la ligne contingēte en laquelle ſera fait des marques pour les heures. Ce fait mettant vn
pied du compas au poinct F, ſoit ouuert l'autre pied à diſcretiō,
& fait le cercle des heures. Finablement ſoit miſe la reigle ſur le
poinct F, & ſur chacune marque faite ſur la ligne contingente
par les lignes occultes, & ſoyent tirees les lignes des heures apparantes iuſques à la circonferéce du cercle de ton horloge, leſquelles ſe peuuent tirer grandes ou petites ſelon la grandeur de
l'horloge. Et eſt à entendre qu'en telles horloges la ligne B,D,
eſt la ligne de 12 heures, & par conſequent faut deſcrire les autres heures par leur nombres, chacune ſelon ſon ordre, tant deuant qu'apres midi. Et par ainſi lon aura l'horloge declinant de
midi vers orient 24 degrez, & ſeruant pour l'eleuation du pole
48 degr. 40 minu. cōme appert par la figure ſuiuāte. Et ſi le mur
eſtoit declināt vers la partie d'occidēt, & lon y vouluſt deſcrire
vne horloge, lon doit proceder à la fabricatiō d'icelle, par meſme ſorte & maniere que la derniere, deſcrite pour la declinatiō
oriētale, & obſeruer pareilles diſtāces & meſures, inclination &
partitions d'heures: ſinon que ou en l'horloge cy deſſus trāſcrite
inclinee vers orient, lon deſcrit le quart du cercle pour prēdre la
declinatiō, & autres diuiſiós en la partie ſeneſtre, faut pour l'horloge inclinee vers occident deſcrire en la partie dextre. Et pour
brief dire ce n'eſt qu'vn rechangement, en retournant vn coſté
pour autre, & les rechanger coſte pour autre, & proceder par la
meſme maniere. Encores, que les declinations fuſſent plus grandes ou plus petites les vnes que les autres, n'eſt qu'vne fabrication retournant vn coſté à l'autre ſon oppoſite.

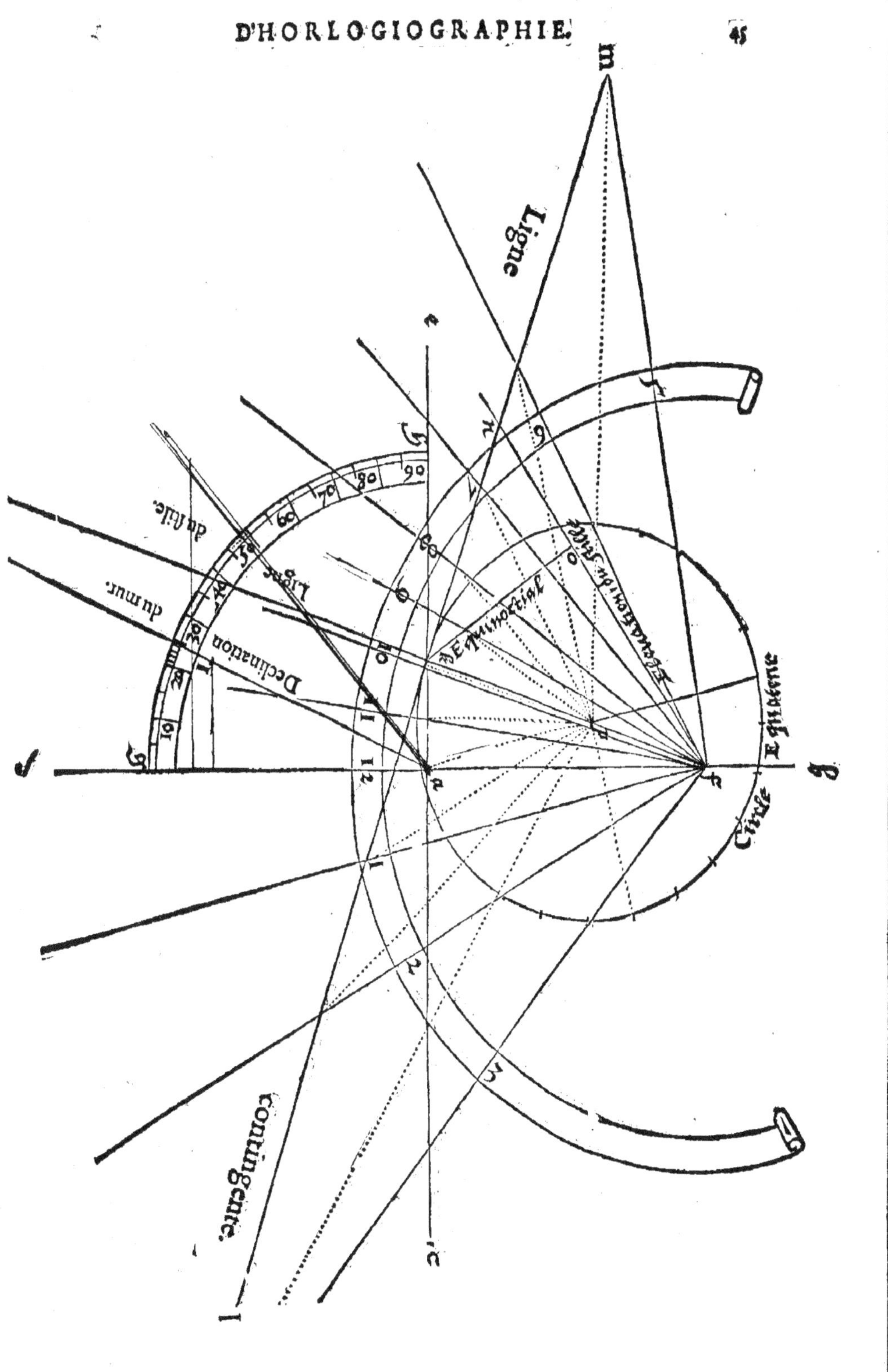

Ligne
Circle Equatoriale
Æquinoctial
Declination
Ligne du stile
du stile.
du mur.
contingente.

AVTRE MANIERE DE FABRIQVER
les horloges declinants du midi vers orient ou vers occident. Chap. XIII.

POur fabriquer vne horloge declinant du midi vers la partie d'orient, apres auoir trouué l'inclination de l'angle du mur, & l'eleuation du pole du lieu ou lon veutdefcrire l'horloge, faut proceder par cefte maniere. Premierement foit tiré (en quelque fuperfice plaine) deux lignes droites orthogonnes, qui foyent B, C, & D, E, croifantes l'vne l'autre, à droits ãgles, au poinct A, dont la ligne B, C, foit perpendiculaire fur l'horizon, & la ligne D, E, reprefentera l'horizon & parallele audit horizon. Ce fait, foit mis vn pied du compas au poinct A, & ledit compas ouuert à difcretion, foit tiré vne quarte partie de cercle, qui foit C, D, lequel foit departy en 90 parties egales. Puis apres faut côter (au dit quart de cercle) l'eleuation du pole, commençant au poinct D, tirant vers le poinct C, & ou finera le nombre, foit noté par la letre F, & foit tiré la ligne A, F. Puis foit tiré la ligne F, G, perpendiculaire à la ligne D, A, & fera fait le triangle, rectangle, femblable & pareil au triangle cy deuãt defcrit au chapitre precedent. Semblablement faut conter (audit quartier de cercle c, d,) la declination ou inclination de l'angle du mur, commençant au poinct C, & ou finera le nóbre, foit tiré vne ligne droite, du centre A, qui foit A, H. Et auec l'ouuerture du côpas, foit pris la diftance des poincts A, G, & demourãt vn pied du compas au poinct A, & tourne l'autre fur la ligne de la declinatió du mur, & foit fait le point H, & dudit point H, foit tiré vne ligne droite perpendiculaire fur la ligne A, C, & foit parallele à la ligne A, D, laquelle ligne foit marquee A I. Ce fait, foit pris auec le compas la diftance H, I, & mettãt vn pied du côpas au poinct A, & l'autre tourné vers le poinct D, foit fait le poinct K. Puis felon l'ouuerture du compas, du poinct F, au poinct G, foit fait la diftance du poinct A, au poinct B, lequel poinct B, fera le centre de ladite horloge, duquel fe tireront les heures. Ce fait, faut tirer vne ligne droite du poinct B, au poinct K, fur laquelle fera conſtitué le triangle ou oſtenſoire des heures, que nommons le ſtile. Parquoy icelle ligne ſera dite la ligne du ſtile. Finablemēt faut tirer vne ligne droite orthogonale à droits angles, croiſant la ligne B, K, audit poinct K, qui ſera la ligne contingente, qui ſera tiree aſſez longue d'vne part & d'autre dudit poinct K , & ſoit marquee L, K, O, coupant la ligne B, C, audit poinct O. Ce fait, auec l'ouuerture du compas ſoit pris la diſtance A, I, & rapportee ſur ladite ligne contingente, en mettāt vn pied du compas au poinct K, & l'autre ſur ladite ligne, & faire le poinct L, & ſoit tiré la ligne B, L. Ladite ligne K, L, demōſtre la hauteur du ſtile, c'eſt de combien le ſtile eſt eleué ſur la ligne B, K, procedāt du centre B. Et la ligne B, L, demonſtre la longueur dudit ſtile. Ce fait, faut tirer vne ligne du poinct K, qui ſoit perpendiculaire à la ligne B, L, au poinct M, & icelle ligne K, M, ſera dite ligne de l'equinoctial, qui ſera le demy diametre du cercle equateur, diuiſant les heures. Puis ſoit pris, auec le compas, la diſtancede la ligne equinoctiale K, M, & le compas ouuert à celle diſtance ſoit mis vn pied du compas au poinct K, & auec l'autre ſoit fait le poinct N, ſur la ligne B, K. Iceluy poinct N, ſera le cētre du cercle equateur, duquel cētre N, ſelon l'ouuerture du cópas à celle diſtce N, K, ſoit deſcrit ledit cercle equateur p, q, r, s, lequel ſoit diuiſé en quatre quarts (ou parties egales) par les deux diametres p, r, & q, s. Et conuient qu'il ſoit departy par telle maniere, que la ligne du diametre r, p, tombe & vienne droitemēt au poinct O, de l'interſection de la ligne contingente à la ligne B, C. Conſequemment, conuient diuiſer chacun quart du cercle equateur en 6 parties egales pour la diſtribution des heures. Et mettant la reigle ſur le centre N, & ſur chacune diuiſion (dudit cercle equateur) faut tirer des lignes occultes iuſques à la ligne contingente, d'vne part & d'autre de la ligne B, K, & ſoit marqué le lieu ou leſdites lignes occultes croiſeront ladite ligne contingente. Finablement faut tirer les lignes des heures (qui ſoyent apparentes) en mettāt la reigle au poinct & centre B, & ſur chacune marque (faites pour les heures) en la li-

gne contingente, Et soit aussi tiré vne ligne droite au poinct &
centre B, qui soit parallele à ladite ligne contingente, puis selon
l'ouuerture du compas, mettant vn pied au centre B, soit descrit
les lignes arcuales, & bord de l'horloge, entre lesquelles lignes
arcuales, soit descrit le nombre des heures chacune en son lieu.
Et faut entendre que la ligne perpédiculaire B, C, est la ligne de
12 heures, ou faut descrire 12. Et les heures deuant midi se des-
criuent (en l'horloge declinant vers orient) en la partie dextre,
& celles d'apres midy à senestre. Le stile soit erigé sur la ligne
B, K, & est representé par le triangle B, K, L. Et faut entendre
que esdites horloges declinans vers orient, tant plus l'inclination de l'angle est petite, tant plus s'y descrit d'heures : & tout le
contraire aduient és horloges inclinees vers occident. Ensuit la
figure de la presente description.

Figure

Figure de l'horloge vertical, à l'eleuation
du pole, 48 degrez, 40 minutes, inclinee vers orient, 30 degrez.

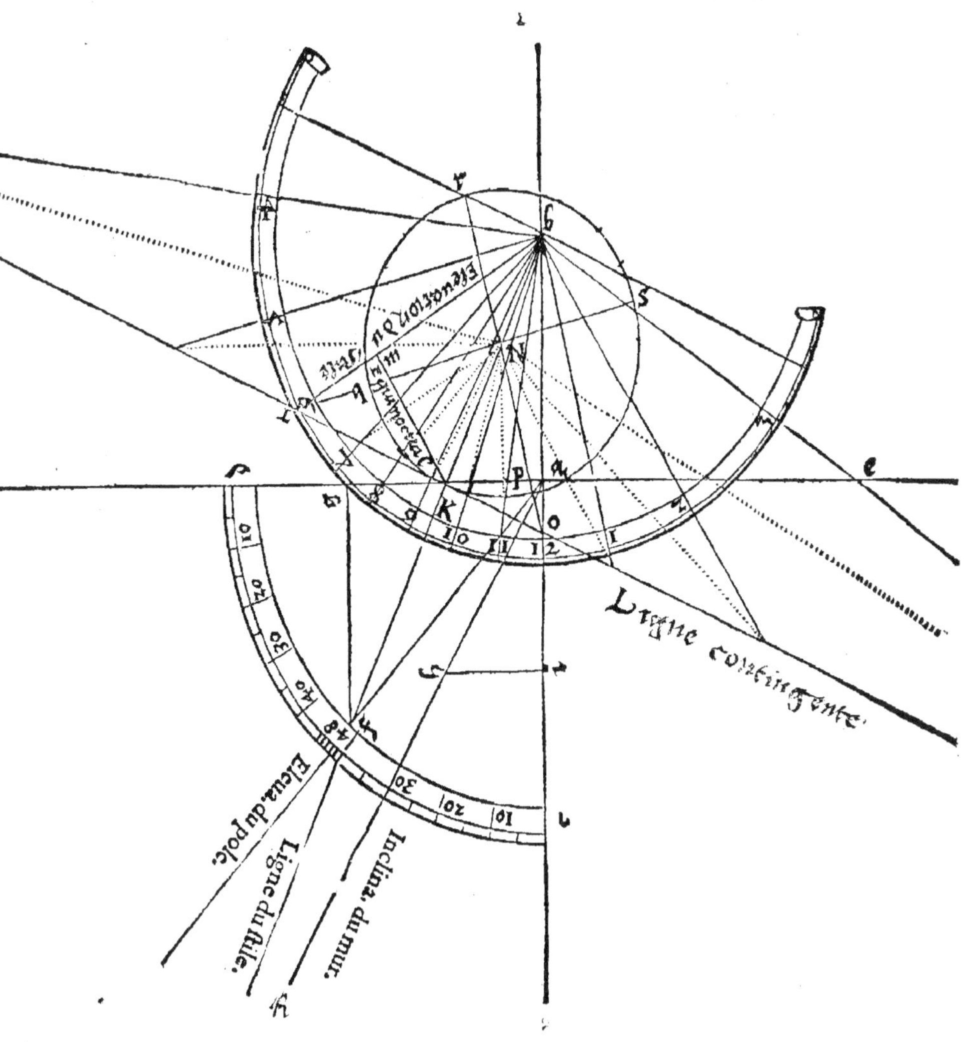

Lon peult aufsi, qui voudra, defcrire (par cefte maniere) vne pareille horloge, touteffois inclinee vers la partie occidentale, & fe fabrique comme la deffufdite, en obferuant l'eleuation du pole, inclination du mur, tirer les lignes perpendiculaire, horizontale, contingente: lignes des heures & autres, & mefmes mefures, poincts & diftances qu'en la precedente: finon que ou en la precedente (inclinee vers orient) lon fait le quart de cercle en la partie & cofté feneftre, fe fait en la prefente au cofté dextre, & n'eft qu'vn rechangement retournãt vn cofté pour autre, car c'eft vn mefme trait & fabrication : cõme appert par cefte figu.

Figure de l'horloge verticale, à l'eleuation du pole
48 degrez, 40 minutes, inclinee vers occident
30 degrez.

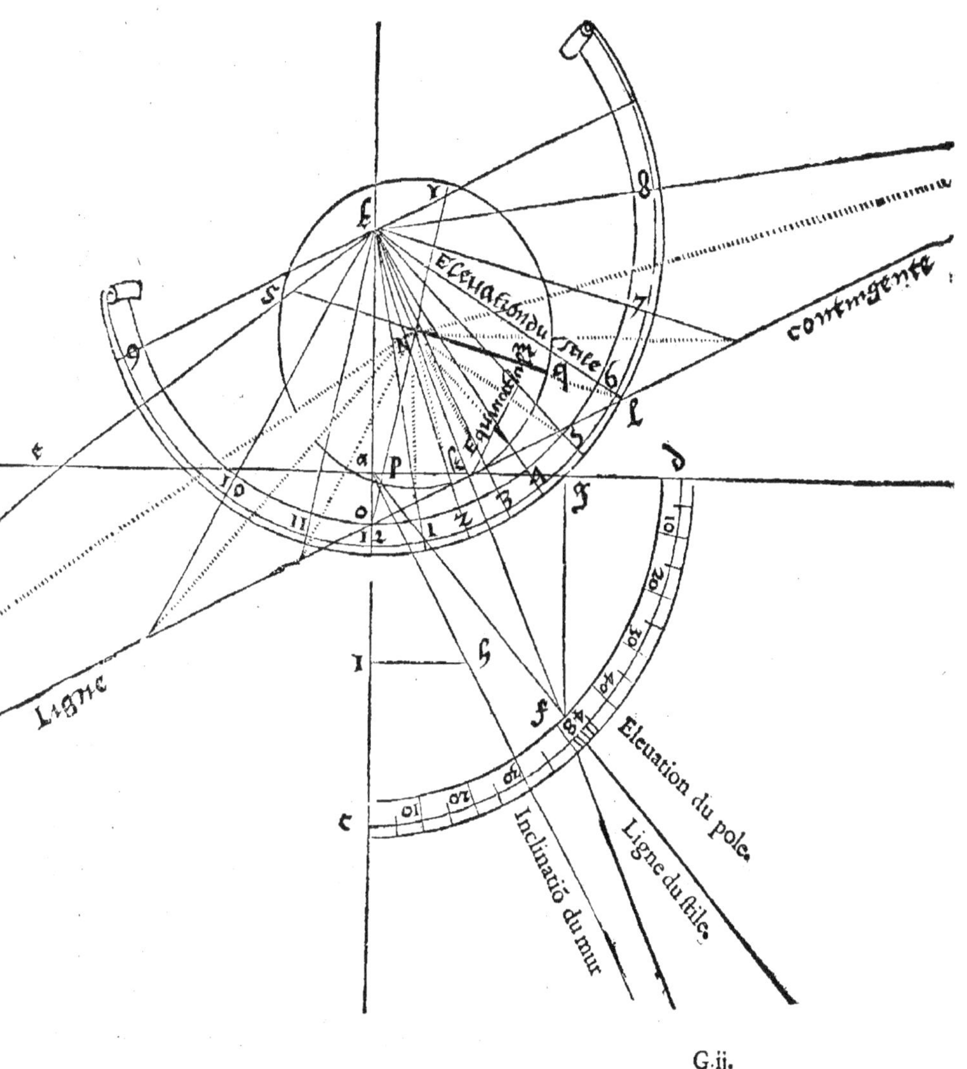

RECVEIL

POVR TROVVER ET COGNOISTRE
l'inclination du mur ou l'on veult defcrire l'horloge inclinante. Chap. XIIII.

L'Inclinatió de l'angle ou mur, auquel lon veult defcrire l'horloge, fe peult trouuer & cognoiftre par vn inftrument, duquel la fabrication f'enfuit. Premieremét faut applanir vne planche de bois ou autre chofe tenure legiere & aifee à porter, fur lequel faut defcrire vn demy cercle qui foit B, C, D, & duquel le centre foit A. Et foit ledit demy cercle diuifé en deux quartiers, par le demy diametre A, C. Puis faut diuifer chacun quartier en 90 parties egales (ou degrez) & foit efcrit le nombre defdits degrez (à chacune diuifion) felon fon ordre, cómençant au poinct C, & tirant vers les poincts B, & D, en afsignát lefdits nombres d'vn iufques à 90, efcriuant ledit nombre de 10 en 10 dans le cercle inferieur, & en l'efpace du cercle exterieur, faut defcrire lefdits degrez d'vn à vn, ou de 2 en 2, en partifsát chacune dixeine en cinq parties, dont chacune vaudra deux degrez. Comme appert par la figure cy apres mife, ou auons departy les dixeines en 5 parties, valant chacune deux degrez, & eft l'vne partie marquee de noir, & l'autre de blanc. Et pour autát qu'iceluy inftrument doit eftre affez grád, fera pour le mieux diuifer lefdits degrez d'vn à vn. Lon peult aufsi felon la capacité dudit inftrumét departir les deg. en demis & en quarts qui voudra, & mefme en minutes, car de tant plus y aura de parties, tant plus iuftemét & precifement fera prife l'inclination du mur. Semblablemét, faut (audit inftrument) appliquer vne reigle, en façó de l'alidade ou oftenfeur de l'aftrolabe, attachee au centre A, dudit inftrumét, par telle maniere que lon la puiffe tourner de cofté & d'autre, & à laquelle reigle foit annexee & mife vne eguile aimantee comme lon met aux quadrans (ou horloges) que lon porte couftumierement par les chemins : ou auoir vn quadran carré duquel l'eguile (que lon dit compas) foit iufte & bien aimantee, lequel quadran fon mettra cótre ladite reigle, quant lon voudra auoir l'inclination du mur. Et que la lógueur d'icelle reigle foit egale à la circonference du demy cercle, duquel instrument, la partie ou costé A,B, doit estre entendue pour la partie d'orient, que faut marquer Orient. Et l'autre partie (qui est le costé A,D) doit estre entendue pour la partie d'occidét, que faut semblablemét marquer Occident. Et par ainsi sera l'instrument preparé pour prendre l'inclination du mur, soit vers orient ou vers occident. L'on peult aussi (audit instrument) descrire le quarré geometrique, duquel instrument ensuit la figure.

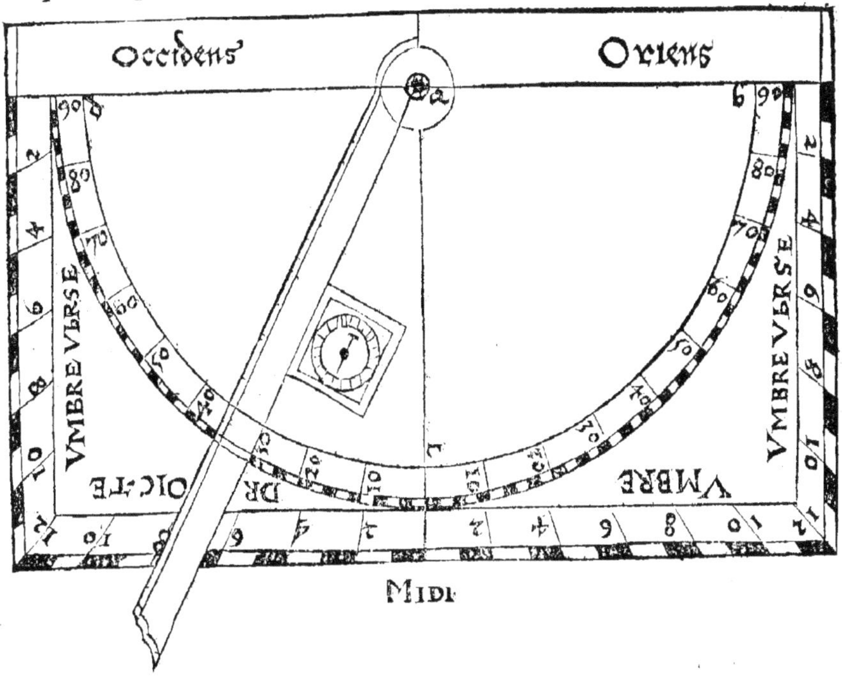

Finablement, pour prendre l'inclination du mur, faut mettre ledit instrument contre le mur, assauoir le costé D, B, & faut mettre le quadran (ou compas) contre la reigle, & mouuoir ladite reigle (d'vne part ou d'autre) tant que l'esguile du compas corresponde sur la languette, descrite au fond dudit quadrá, ou au poinct de la ligne meridienne. Et faut regarder quel degré, demonstre ou attouche la reigle en la circonference depuis le poinct C, car il faut conter dudit poinct C, & tant de degrez que la ligne demonstrera dudit poinct C, de tant de degrez

G.ij.

est l'inclination du mur. Et faut entēdre, que si la reigle se trouue en la partie d'occident, le mur incline de midi vers orient. Et
au contraire, s'elle se trouue en la partie d'orient, le mur decline
de midi vers occident : mais si la reigle se trouuoit iustement
sur la ligne A, C, le mur n'auroit nulle declination.

DESCRIPTION ET FABRICATION DES
horloges, tant verticales & horizontales que autres, par instrument, soit que le mur regarde le midi droitement ou obliquement. Chap. X V.

POur descrire consequemment vne horloge par instrument
contre vne muraille ou autre chose, faut premierement (au
mur ou lon veult descrire l'horloge) faire & tirer vne ligne perpendiculaire à plomb, laquelle sera la ligne de 12 heures, & sur
laquelle sera fait le centre de ladite horloge, auquel se doit mettre le stile : sinon que le mur declinast de midi vers orient ou occident, outre septente degrez, car alors n'est facile mettre le stile en la ligne meridienne, mais le faire long comme l'horloge le
requiert, & doit estre soustenu par deux bras ou brāches, & que
ledit stile regarde precisement la partie d'orient ou d'occident.
Et quand le mur decline moins de septente ou soixante degrez, faut mettre partie du stile en la ligne perpendiculaire, representant les 12 heures, & de l'autre partie, mouue le stile de
sorte qu'il occupe iustemēt la ligne meridienne. Ce qui se peult
facilement dresser par l'horloge portatiue appellee compas,
ioincte contre ledit stile, & le tourner tant que la pointe de l'e-
guile soit iustement en la ligne du midi. Autrement. Faut obseruer iustement l'heure de 12 heures, & (le soleil luisant) tourner
& dresser le stile, tant que l'ombre d'iceluy paruienne à ladite ligne de 12 heures, & soit eleué iustemēt selon la ligne de l'axe &
apres l'eleuation du pole, & aussi de l'equinoctial. Et note que
tout cest art de descrire les horloges, consiste à bien iustement
poser le stile, car si lon erre tāt soit peu à l'eleuation d'iceluy (cō-
bien que les heures soyēt bien distribuees) l'indice d'icelles sera

faux. Le ftile donc iuftemét afixé & tenant fermement,lon defcrira les heures en la maniere qui éfuit. Soit preparé vne tablette ronde , grande ou petite à difcretion , fus laquelle foit defcrit
vn cercle qui foit diuifé en quatre quartiers,par deux diametres
A, B, & C, D, & le centre foit E. Ce fait, faut diuifer les deux
quartes B,C, & B,D, chacun en fix parties egales,& foit pris (a-
uec le compas) les diftances de deux d'icelles parties, & foyent
tranfportees hors le diametre D, C, qui eft la ligne de 6 heures,
pour y defcrire 4 & 5 heures du matin, & 7 & 8 heures d'a-
pres midi. Ou fi lon veult , faut feulement departir le cercle en
24 heures , & afsigner & defcrire à chacune heure fon ombre,
d'vne part & d'autre du diametre a, b, reprefentant la ligne de
12 heures,& les autres fuyuant leur ordre. Confequammét,faut
attacher & faire tenir cefte tablette au ftile de l'horloge, de forte que le diametre d,c,croife le ftile à angles droits,& foit le demy diametre a, E, coupé & vuidé de l'efpoiffeur dudit ftile, tellement que le poinct & centre E, fe rapporte iuftemét à la fum-
mité & bord dudit ftile,& auec quelque autre petite tablette de
bois,ou autre chofe qui fe puiffe mettre dans la partie couppee,
faut fermer & faire tenir ladite tablette & ledit ftile enfemble, à
droits angles,par telle maniere que le diametre a,b,de ladite tablette reprefente & foit le lóg de la ligne de l'equinoctial. Pour
defcrire confequemment les heures és horloges , contre le mur
ou autre chofe,par ledit inftrument,la tablette preparee (cóme
dit eft)auec le ftile , faut attacher ou appliquer vn filet audit ftile qui puiffe librement tourner & mouuoir à l'entour dudit ftile. Ce fait , faut tirer & coucher le filet le long de la ligne de 12
heures, & ou ledit filet attouchera le mur foit fait vne marque
fur vne ligne droite reprefentát l'horizon, croifant la ligne per-
pendiculaire(du mur)à droits anglés, laquelle marque denotera le poinct de la ligne de 12 heures. Finablement, auec ledit
filet mis & couché le long & fur chacune heure en l'inftrument
faut marquer icelles heures fur ladite ligne de l'horizon. Ayant
donques ainfi marqué les heures fur ladite ligne, tant pour de-

uant que pour apres midi, faut tirer les lignes d'icelles heures en
l'horloge que lon defcrit, mettant la reigle fur le centre de ladite horloge (ou eft pofé le ftile) & fur chacune marque faite pour
les heures fur la ligne de l'horizõ, foit tiré lefdites lignes des heu
res grandes ou petites felon la grandeur de ladite horloge, & y
defcrire leur nombre à chacune felon fon ordre. Lon peult auffi
accõmoder ledit inftrument en la maniere qui enfuit, affauoir:
La tablette ainfi diuifee en 24 parties egales, iointe auec vn triãgle qui foit A, B, C, duquel l'ypothemife B, C, reprefente la ligne de l'axe. Et la catheufe (qui eft le cofté) C, A, reprefente le
vertical & fuperfice droite du mur. Et la baffe, qui eft la ligne
B, A, reprefente l'horizon, ou plaine. Et faut attacher & faire tenir ladite tablette audit triangle en telle maniere que le centre
d'icelle tablette foit iuftement contre l'ypothemife ou ligne de
l'axe au poinct E, tellement que le demy diametre E, a, (qui eft
la ligne de 12 heures) foit perpendiculaire à droits angles fur ladite ligne de l'axe & reprefente la ligne de l'equinoctial, tõbent
iuftement en l'angle du triangle. Et par ainfi ledit inftrumét fera
preparé preft à defcrire les heures contre vn paroy ou mur. Lefquelles faut defcrire par la maniere deuant dite, tirant le filet du
centre E, par chacune diuifion d'heures, iufques au mur fur la
ligne, de l'horizon tiree au mur, orthogone & croifant la ligne
perpendiculaire (de 12 heures) à droits angles, au poinct ou la ligne equinoctiale attouche ledit mur, & paracheuer ladite horloge, comme deuant a efté dit & monftré. Lon peult auffi auec
ledit triãgle, eriger & dreffer le ftile à fon meridien, par le moy-
en de l'eguile du compas anexee audit triangle, lequel triangle
peult feruir de rectificatoire, duquel inftrumét enfuit la figure.

Figure

Figure de l'inſtrument, auec la rouë partie en 24 pour deſcrire les horloges contre vn mur, ſoit regardant preciſement le
meridien, ou inclinant vers orient ou occident.

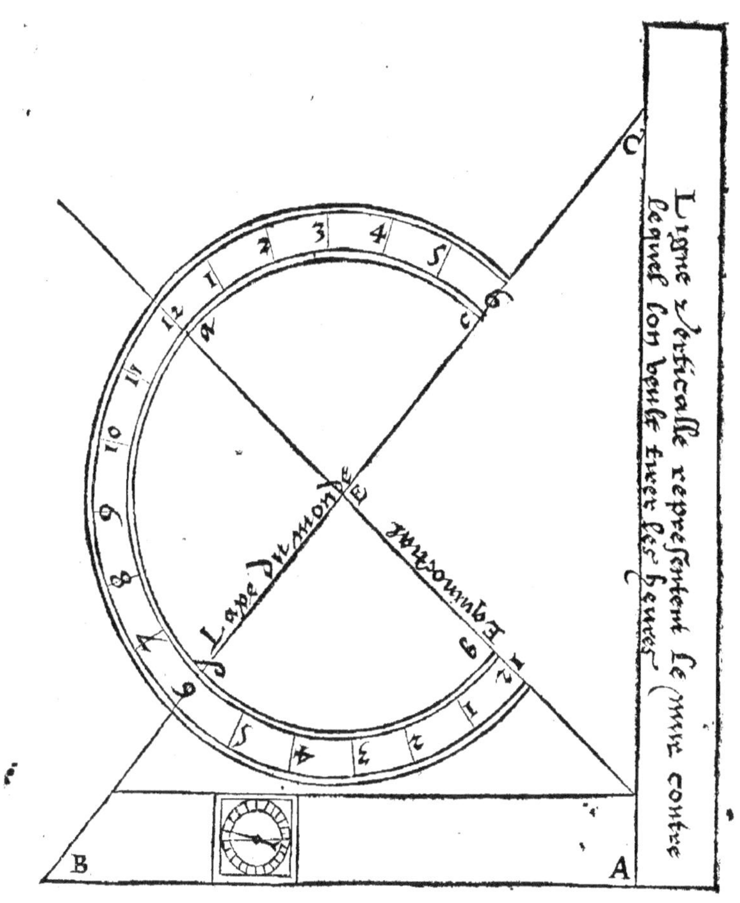

De la deſcription des douze ſignes du Zodiaque és horloges
horizontales & verticales.

Chap. 16.

FAut premierement faire vn cercle mediocremẽt grand, lequel faut departir en quatre parties egales par deux diametres, deſquels le diametre C, D, ſoit perpendiculaire, & le diametre B, H, trauerſant & croiſant l'vn l'autre à droits angles
au centre A. Ce fait, faut diuiſer la quarte C, E en 6 parties ega-

les. Puis foit mis le pied du compas au poinct C, & eftendu l'autre pied fur la premiere diuifion (pres ledit poinct C) au poinct
N, tournant le cópas (ouuert à telle diftance)en la quarte C,B,
foit fait le poinct O : a fçauoir le poinct N, à feneftre, & le poinct
O, à dextre. Et felon l'ouuerture du cópas (à telle diftance) foit
fait les poincts M,P, d'vne part & d'autre du poinct D : à fçauoir
le poinct P, à dextre, & le poinct M, à feneftre. Ce fait faut tirer
des lignes droites du poinct N, au poinct M : & du poinct O, au
poinct P, lefquelles deux lignes foyent paralleles au diametre
C,D. En apres faut diuifer la quarte B,C, en 90 parties egales, &
conter l'eleuation de l'equinoctial, tirant de B, vers C : & ou le
nombre finera faut tirer vne ligne droite du centre A, & fera la
ligne de l'eleuation de l'equinoctial, & ou icelle ligne coupera
la ligne, OP, foit fait le poinct G. Semblablement faut diuifer
la quarte B,D, en 90 parties egales, & conter (de B, vers D) l'eleuation du pole, & ou finera le nombre foit tiré vne ligne droite
du cétre A, laquelle ligne fera la ligne de l'eleuation du pole, &
ou icelle ligne couppera ladite ligne O,P, foit marqué le poinct
E. Finablement du centre A, faut defcrire vn cercle obfcur, duquel la circonference attouche la ligne O , P , & la ligne N, M,
lequel cercle faut diuifer en 24 parties egales, & auec la reigle
tirer des lignes du centre A , par chacune diuifion iufques aux
lignes O, P, & N, M. Et des poincts faits efdites lignes O , P, &
N,M, faut tirer des lignes d'vn poinct à autre, qui foyent paralleles au diametre B, H Puis ou la ligne O, P, croife le diametre
B. H, foit fait le poinct F. Et ou la ligne N , M , croife ledit diametre B,H, foit marqué le poinct L. Ce fait foit pris (auec le cópas) la diftance du centre A, au poinct G : & le compas ainfi ouuert, foit mis vn pied au poinct F, & l'autre fur le demy diametre B, A, foit marqué le poinct K. Et par femblable foit tráfpor-
té la diftáce A, E, fur le demy diamet. A, H , & foit fait le poinct
I. En apres foit tiré vne ligne par le poinct K, parallele à la ligne
O, P, & vne autre ligne au poinct I. Parallele à la ligne N, M.
Ce fait faut defcrire deux cercles és poincts K, & I, defquels les

circóferences touchant les poincts F, & L. En apres, mettant la
reigle sur les centres I,& K,& sur chacune marque & lignes faites és lignes N,M,& O,P, faut tirer les lignes des heures en chacun cercle,& y defcrire leur nombre chacune en fon ordre. Et
ainfi l'on aura le fondement des horloges,preft pour la defcription des zodiacques: Duquel fondement enfuit la figure.

La figure du fondement des horloges.

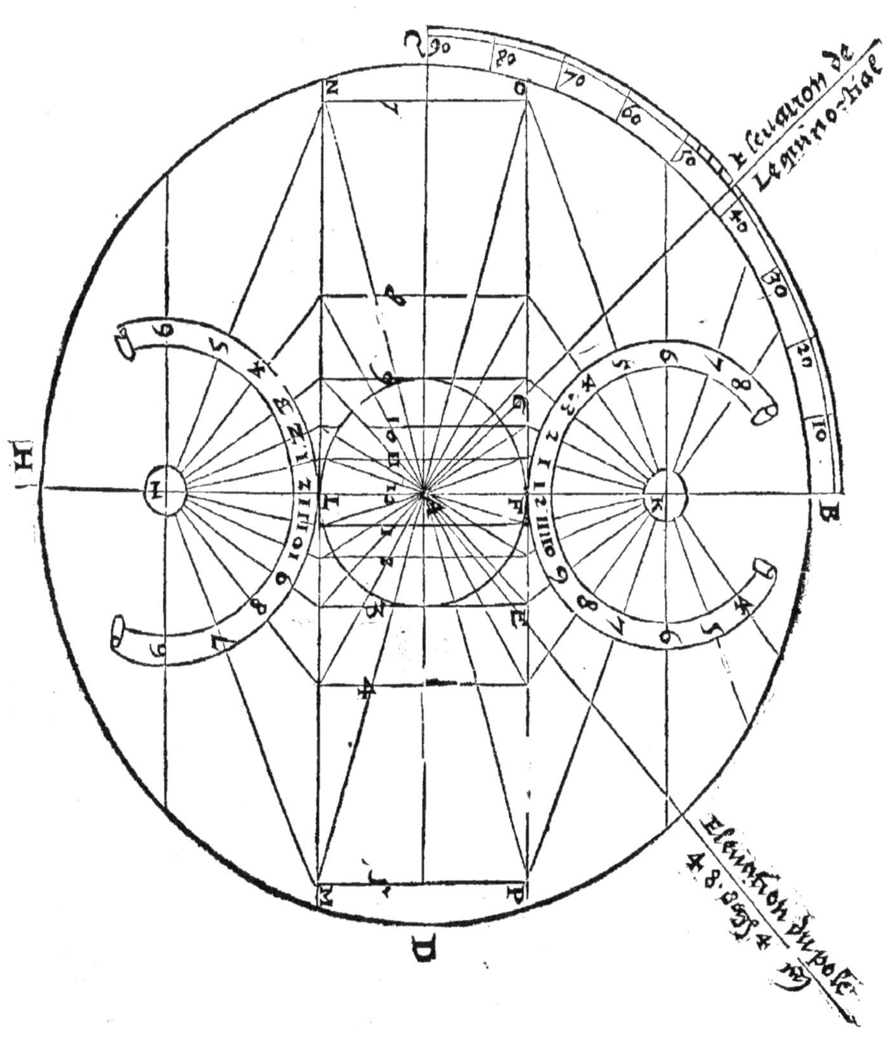

Le fondement des horloges fait & defcrit (comme dit eft)
pour proceder à la difcretion des zodiaques, faut premieremét
defcrire le trigóne (ou triangle) du zodiaque ainfi qu'il s'enfuit.
Soit fait, fur quelque fuperfice plaine, vn demy cercle qui foit
A, B, C, & le centre E, & foit iceluy cercle diuifé en deux parties
egales, ou moitiez, par vn demy diametre E, B. Ce fait, la quarte
B C, foit diuifé en 90 parties egal. & du poinct B, tirát au poinct
C, faut conter la plus grande declination du foleil, qui eft vingt
& trois degrez, trente minutes, & ou finera le nóbre foit fait le
poinct F. Puis foit pris (auec le compas) la diftance de l'arc B, F,
foit tranfportee de l'autre part du poinct B, & foit fait le poinct
G. En apres du poinct G, au poinct F, foit tiré vne ligne droite,
& ou elle croifera le demy diamettre E, B, foit marqué H. Ce fait
dudit poinct H, foit defcrit vn cercle, duquel la circonference
paffe iuftement par les poincts F, & G : lequel cercle foit diuifé
en 12 parties egales, & foit mis la reigle fur deux parties ou diuifions equidiftantes du demy diametre E. B & ou la ligne (ou
reigle) attouchera l'arc F, G, foit fait vn poinct ou marque, &
ainfi cófequémentde poinct en poinct, marquát toufiours audit arc F, G. Ce fait, mettant la reigle au centre E, du grand demy cercle, & fur chacune marque faite en l'arc F, G, faut tirer
les lignes du zodiaque, tirees tát lógues que l'horloge que l'on
veut defcrire le requiert, defquelles lignes, la ligne du milieu
(qui eft la ligne du diametre E, B) eft la ligne de l'equinoxe, ou
equinoctial, & les deux plus prochaines, font les lignes reprefentant le commencement de Taurus & Virgo en vne partie : &
en l'autre les commécemens de Scorpio & Pifces. Les deux autres plus prochaines & fuyuantes font les lignes des commencemens de Gemini & Leo d'vne part & de l'autre la ligne des
commencemens de Sagitarius & Aquarius. Et les deux lignes
extremes paffans du centre E, par les poincts F, & G, reprefentent les lignes des deux tropiques, affauoir l'vne de Cancer, qui
eft le folftice d'efté, & l'autre de Capricorne, qui eft le folftice
d'yuer. Et faut defcrire lefdits fignes ou leurs carracteres en

lẽurs interuales chacun en ſon ẽndroit, cómẽçant à la ligne de
l'equinoxe, ou à l'vn des tropiques iuſques à l'autre, ou ſõt 6 ſignes, & de rechef retournant du dernier tropique au premier
ſont les autres 6 ſignes comme on peut veoir par la figure cy a-
pres miſe. L'on peut auſſi, qui voudra, fabriquer ledit triangle
ou inſtrument par la table de la declination du ſoleil (qu'auons
miſe vers la fin de ce liure) en contant les degrez & minutes (de
la declination du ſoleil en chacun ſigne) au demy cercle A,B,C,
d'vne part & d'autre du poinct B, & tirer les lignes du centre E,
par chacun poinct de la declinatió des ſignes, & former le triágle comme dit eſt, Duquel triangle enſuit la figure.

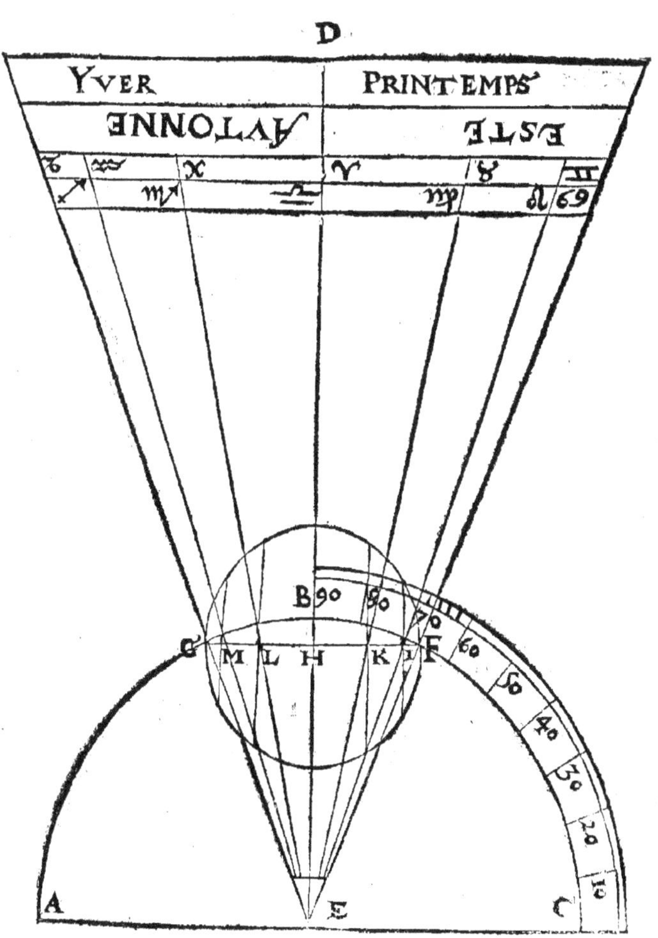

Pour deſcrire conſequemment le zodiaque des horloges horizontales, faut tirer ſur quelque ſuperfice plaine, deux lignes
droites l'vne perpédiculaire qui ſoit A, G, & l'autre orthogóne
ſur le bout d'icelle à angle droit au poinct A, laquelle ſoit H, A.
Ce fait, faut prendre (auec le compas) au fondement des horloges la diſtance F, G, & mettant vn pied du compas aü poinct A,
du zodiaque, & l'autre pied ſur la ligne H, A, ſoit fait le poinct
B. Semblablement ſoit pris, audit fondement, la diſtance A F,
& rapportee au zodiaque, mettant vn pied du compas audit
poinct A, & l'autre ſur la ligne A, G, ſoit fait le poinct C, qui denotera la ligne de 12 heures audit zodiaque, ſur lequel faut tirer
le triangle par la maniere cy deſſus deſcrite, duquel triangle la
pointe d'ou procedent les lignes eſt au poinct A. Conſequemment, ſoit mis vn pied du compas au centre A, (du fondement)
& l'autre ſur le poinct de la premiere heure, en la ligne O, P, &
le cópas ouuert à telle diſtáce mets vn pied du cópas au poinct
A, du zodiaque, & l'autre ſur la ligne A, G, & y ſoit fait vne marque ou poinct. Puis de rechef ſoit mis vn pied du compas audit
centre A, (ou fondement) & l'autre ſur le poinct de la ſeconde
heure, en ladite ligne O, P, & ledit cópas ouuert à telle diſtance,
faut pareillement mettre vn pied au poinct A, du zodiaque, &
l'autre ſur la ligne A, G, & ſoit fait vne autre marque. Finablement faut auec le cópas, prendre la diſtance du centre A, (audit
fondement) & de chacune des autres heures ſur la ligne O, P, &
les tranſporter audit zodiaque ſur la ligne A, & marquer cóme
deſſus. Ce fait faut mettre la reigle ſur le poinct B, & ſur la marque faite au poinct C, & tirer vne ligne iuſques au tropique de
Capricorne, qui eſt à dextre du triágle dudit zodiaque, & à l'endroit d'icelle ligne faut deſcrire 12, puis dudit poinct B, & ſur la
marque qui enſuit apres le poinct C, iuſques à ladite ligne du
tropique de Capricor. faut tirer la ligne de 11 heures ſur laquelle
ſoit eſcrit 11. Et ſemblablement ſoit fait des autres heures, tirant
les lignes iuſques audit tropique de Capricor. & y deſcrire leurs
nóbres. Ce fait, pour la ſixieme heure, faut tirer (du poinct B) v-

ne ligne parallele à la ligne A , G. Et pour les 5 & 4 heures faut
prédre(auec le cópas) les diſtances de 7 & 8 heures, & les tranſporter de l'autre part de la ligne de 6 heures. Et par ainſi ſera ledit zodiaque preſt pour deſcrire les 12 ſignes és horloges horizontales: Duquel zodiaque enſuit la figure.

Deſcription du Zodiaque, pour l'horloge horizontale.

La lógueur
du ſtile eſt
la ligne a, e.

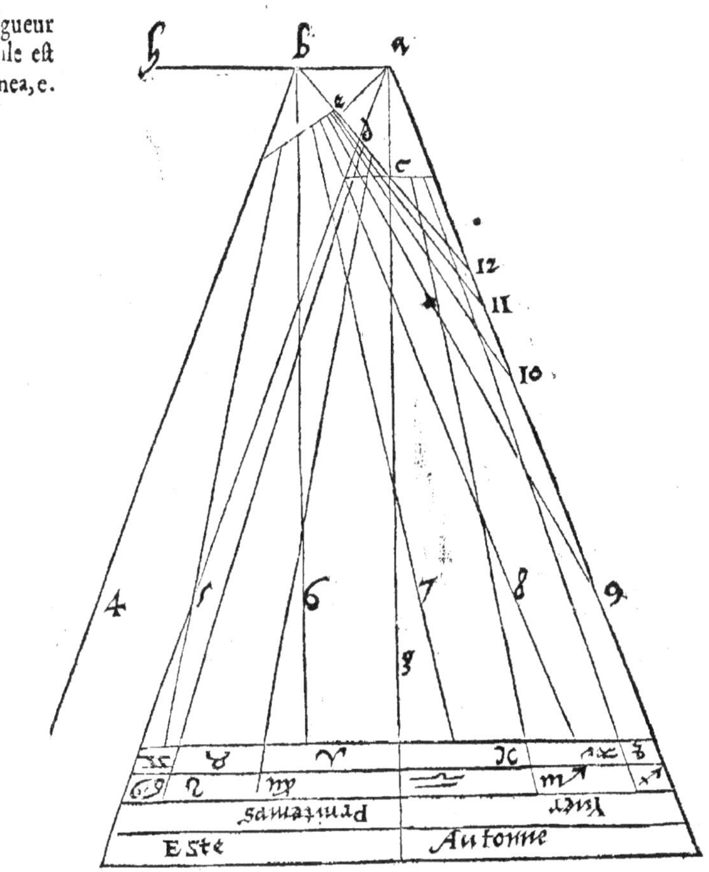

Et pour l'horloge verticale, faut prendre (audit fondement
des horloges) la diſtance E, A, & tranſporter icelle au zodiaque
de A, vers H, & ſoit fait le poinct B. Puis ſoit pris audit fondement la diſtance L, A, & ſoit trãſportee au zodiaque ſur la ligne
A, G, & ſoit fait le poinct. Finablement ſoit pris) audit fonde-

ment la diſtance du centre A , & de chacune heure ſur la ligne
N,M,& ſoit trſportee audit zodiaque ſur la ligne A, G,& y faire
des poincts. Puis du poinct B, par chacū deſdit poincts ſoit
tiré des lignes iuſques au tropique de Cancer, & y deſcrire leur
nóbre,aſſauoir à la ligne tiree du poinct B, par le poinct C, faut
deſcrire 12,& à l'autre enſuyuant 11, & ainſi des autres, comme
deſſus a eſté dit. Et pour la ligne de 6 heures faut tirer du point,
B,vne ligne parallele à la ligne A, G, & faut noter qu'au zodiaque horizontal, le tropique de Capricorne eſt deſcrit à la dextre. Et au zodiaque vertical,le tropique de Cancer auſſi à la dextre: Comme appert par la figure ſuiuante.

Deſcription du Zodiaque, pour l'horloge verticale.

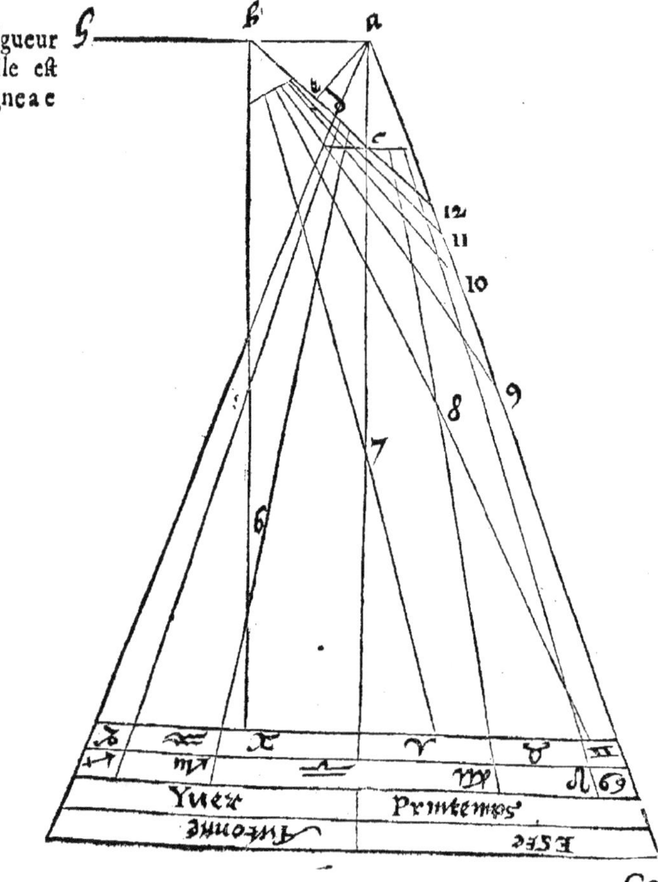

Confequemment,pour defcrire & fabriquer l'horloge hori-
zôtale,en laquelle foit defcrit les douze fignes du zodiaque,foit
procedé en la maniere que f'enfuit.Premieremêt faut tirer les lignes des heures de l'horloge horizontale par la maniere cy deuant efcrite au fecond chapitre. Et au centre de ladite horloge,
ou la ligne de 12 heures , & la ligne de 6 heures fe croifent l'vne
l'autre,foit le poinct A. Ce fait, faut tranfporter en ladite horloge les diftances des heures defcrites au zodiaque horizontal
par la maniere qui enfuit.Soit pris auec le compas(au zodiaque
horizontal)la diftâce B,D, & le côpas ainfi ouuert mets vn pied
dudit côpas au poinct A,de l'horloge,& l'autre pied fur la ligne
de 12 heures,& foit fait vne marque : puis mettât le pied immobile du côpas audit poinct B, du zodiaque, & l'autre pied fur le
poinct ou la ligne de 11 heures croife & couppe la ligne du tropi
que de Câcer: & le côpas ouuert à telle diftâce,foit mis vn pied
du côpas au poinct & cêtre A,de l'horloge,& de l'autre pied foit
fait des poincts fur les lignes de 1 & 11 heures. De rechef foit mis
le pied du compas audit poinct B (du zodiaque) & l'autre fur le
poinct de 10 heures en ladite ligne du tropique de Cancer, & la
diftance prife foit raportee fur les lignes de 2 & 10 heures de
l'horloge. Et femblablemêt, faut prendre les diftâces du poinct
B (au zodiaque) & de chacune des autres heures fur ladite ligne
du tropique de cancer, & icelles tranfporter en l'horloge fur les
lignes des autres heures,comme deffus. Ayant dôques marqué
les poincts defdit. heur. faut tirer des lignes par tous les poincts
marqués en ladite horloge tendant d'vn poinct à autre, & pro-
creer vne ligne courbe laquelle reprefêtera la ligne du tropique
de cancer,en l'horloge. Ce fait,faut prendre côme deffus les diftâces du poinct B, au zodiaque,& de toutes les heur. marquees
fur la ligne de Gemini ou Leo , mettant vn pied du côpas audit
poinct B, & l'autre fur le poinct de 12 heures en ladi.ligne de Ge
mini & Leo : & le côpas ouuert à telle diftance,foit mis vn pied
au poinct & cêtre A,de l'horloge,& l'autre fur la ligne de 12 heu
res,& y foit fait vne marque ou poinct. Et de rechef mettant vn

pied du compas audit poinct B (du zodiaque) & l'autre fur le poinct de 11 heures(en ladite ligne de Gemini & Leo)faut tranf-porter celle diftance en l'horloge fur les lignes de 1 & 11 heures. Et par cefte maniere faut tranfporter les autres heures en ladite horloge. Ce fait,faut tirer vne lig. courbe, par tous les poincts, laquelle ligne denote la ligne de Gemini & Leo.Et par femrbla-ble maniere faut trafporter, defcrire, & tirer la ligne denotat le parallele de Taurus & Virgo.Confequemment foit pris auec le copas la diftance du poinct B(au zodiaque)au poinct C, ou eft le poinct de la ligne de 12 , fur la ligne de l'equinocce (qui eft le comencement d'Aries & Libra). Et celle diftance prife foit mis vn pied du copas au centre A, de l'horloge, & l'autre pied fur la ligne de 12 heures, & y foit fait vn poinct,auquel poinct faut ti-rer vne ligne droite croifant ladite ligne de 12,à droits angles,& parallele à la ligne de 6 heures. Cefte ligne reprefete la ligne de l'equinoctial,ou equinocce,laquelle fe tire droite.Finablement pour defcrire les autres paralleles & lignes des fignes,affauoir la ligne de Scorpius & Pifces. La ligne de Sagitarius & Aquarius, & femblablement la ligne du tropique Capricorne,faut proce-der par la maniere deffus dite, prenant les diftaces du poinct B, au zodiaque, à chacune heure, fur chacune ligne des fignes , & les tranfporter és lignes des heures en l'horloge , & femblable-ment tirer les lignes courbes pour les lignes des fignes, comme deffus a efté fait. Ce fait, faut defcrire les noms (ou carracteres) des fignes, chacun en fon endroit. La longueur du ftile fe trou-ue par vne ligne tiree du poinct A, (au zodiaque) fur la ligne de 12 heures, en mettat lefquierre le long de ladite ligne de 12 heu-res & fur ledit poinct A, laquelle ligne eft fignee A, e. Et le lieu ou fe pofe ledit ftile en l'horloge fe trouue en cefte maniere.Soit mis vn pied du compas au poinct B,au zodiaque horizontal,& l'autre pied fur le poinct e, & le compas ouuert à telle diftance, foit mis vn pied au centre A, de l'horloge, & l'autre pied fur la ligne de 12, & y faire vne marque, qui eft le lieu ou fe doit pofer le ftile : comme fe peult voir par la figure fuyuante.

Figure de l'horloge horizontale à l'eleuation de 48
degrez, 40 minutes, demonſtrant les douze ſignes du Zodiaque, auec les heures.

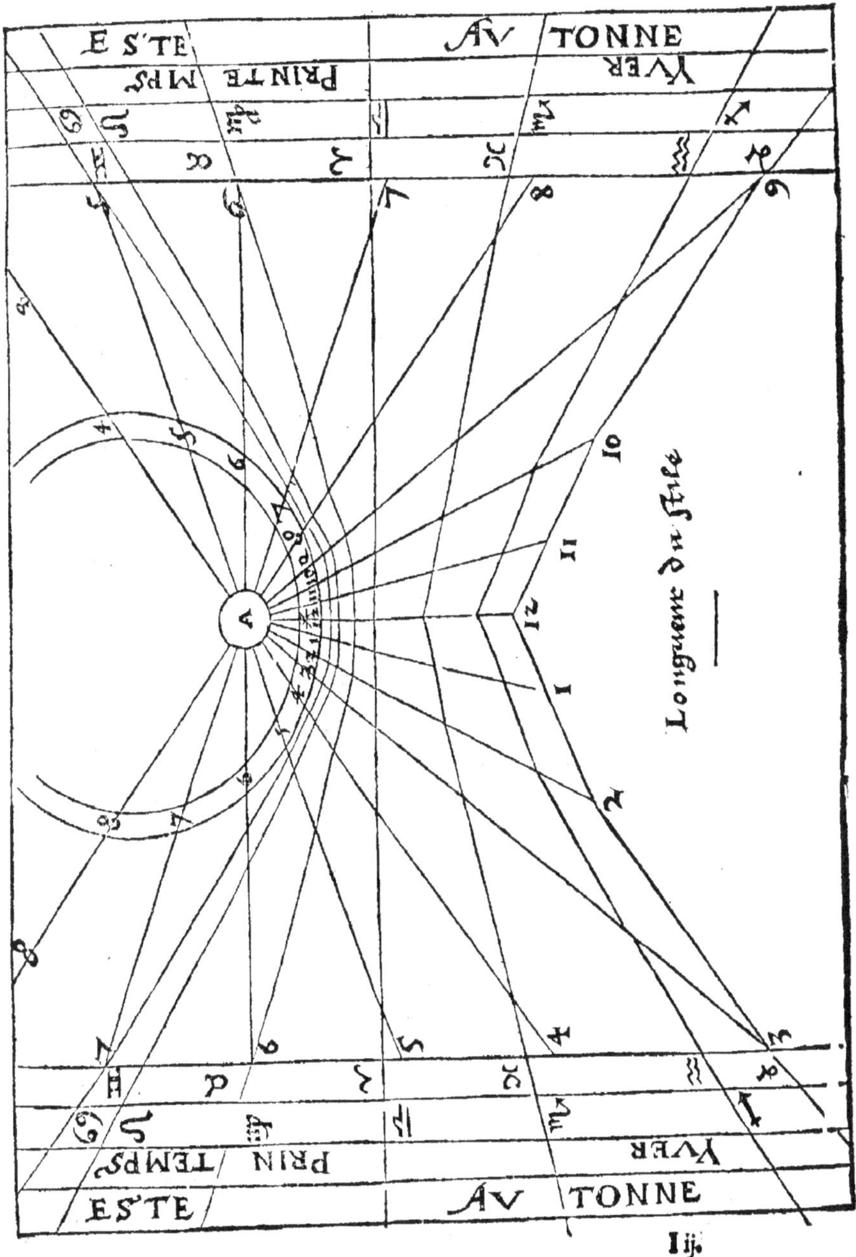

La fabrication & defcription de l'horloge verticale contenant & demonftrant les douze fignes du zodiaque, ne differe à
la fabrication de l'horloge horizontale cy deffus defcrite : mais
fe fait & defcrit par mefme maniere. Prenant les diftances des
heures depuis le poinct B (du zodiaque) iufques fur les lignes &
paralleles des fignes audit zodiaque, & icelles diftances raporter fur les lignes des heures en ladi. horloge verticale & tirer les
lignes courbes pour les paralleles des fignes, tant les tropiques
de Cancer & Capricorne, que la ligne de l'equinocce, & autres
lignes defdits douze fignes, tout ainfi qu'a efté fait en l'horloge
horizontale. Touteffois la difference eft, que les lignes & paralleles des fignes (efdites horloges verticales) fe defcriuent à l'oppofite que celles de l'horloge horizontale, car la ligne reprefentant le tropique de Cancer au zodiaque & horloge horizontal,
reprefente le tropique de Capricorne, au zodiaque & horloge
vertical. Et faut entendre que l'on ne peult defcrire lefdites horloges horizontales & verticales par vn feul zodiaque à caufe de
la difference qui eft entre les diametres, prouenans l'vn de l'eleuation du pole, & l'autre de l'equinoctial, & conuient afsigner
à chacune defdites horloges fon zodiaque. La longueur du ftile
eft la ligne A, e, tiree au zodiaque, auec lefquierre mife le long
de la ligne de 12, & fur le poinct A. Le lieu ou fe doit pofer le ftile eft la diftance B, e, prife au zodiaque vertical & raportee en
l'horloge verticale, mettant vn pied du compas au centre A, de
ladite horloge, & l'autre fur la ligne de 12 heures, & en celuy
poinct doit eftre mis le ftile : comme deuant a efté dit de l'horloge horizontale. Et ainfi peult on faire des autres horloges, en
obferuant leurs diftances paralleles, eleuations & declinations,
& generallement tout l'ordre & maniere obferuee & gardee
par cy deuant, qui eft le principal poinct que doit entédre le fabricateur, car qui entéd le fuiet defdites horloges, en pourra faire de tant de fortes qu'il voudra. Le ftile defdites horloges droit
erigé fur la ligne de 12 heures, & le foleil luyfant, l'ombre dudit
ftile demonftre les heures le long d'icelles, & la pointe de l'om-

bre dudit ſtile demõſtre le ſigne auquel le ſoleil eſt, pour la ſaiſon ou l'on eſt. Auſquelles horloges horizontales & verti cales
ſe peuuent deſcrire les quatre ſaiſons de l'an : comme ſe peult
veoir par les figures d'icelles horloges.

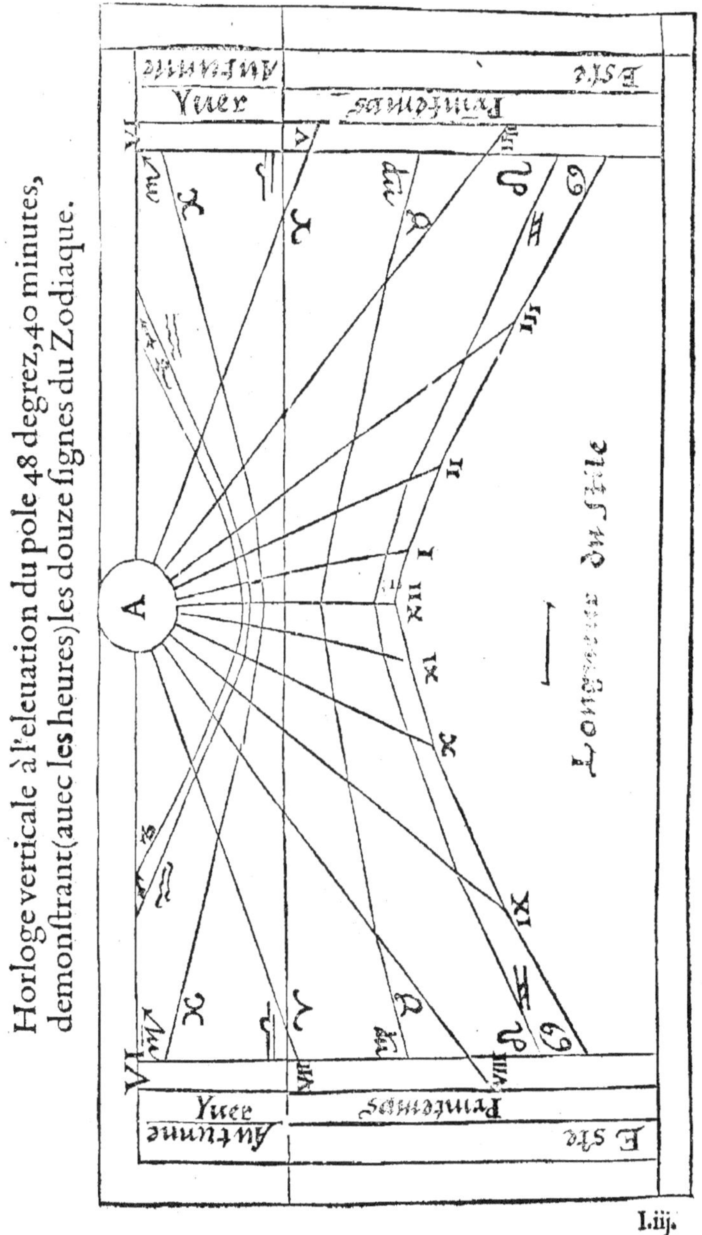

DESCRIPTION ET FABRICATION DES
horloges orientales, occidentales, & pendentes. Et inscri-
ption des douze signes du Zodiaque en icelles.
Chapitre   X V I I.

POur descrire les douze signes du zodiaque, és horloges laterales (orientales & occidentales) & pendétes, faut premierement faire & descrire vn triangle par la maniere deuant dire, par lequel l'on transportera les distances des heures en l'horloge que l'on veult descrire, ainsi qu'a esté fait és horloges horizontales & verticales, pour y descrire les lignes & paralleles des
signes ainsi que s'ensuit. Soit fait le triangle du zodiaque par la
maniere descrite au precedét chapitre: duquel triangle la ligne
du milieu (representant l'equinoctial) soit marquee A, B : assauoir A, au cétre d'iceluy, qui est le poinct d'ou lon tire les lignes,
& B, de l'autre part. Ce fait, faut au fondement des horloges
(descrit au commencement du precedent chapitre) prendre la
distance A, F, & la faut transporter audit triangle, en posant vn
pied du compas au poinct A, & l'autre pied sur la ligne A, B : &
ou le compas attouchera ladite ligne A, B, soit fait le poincte.
Ce fait, soit mis vn pied du compas au centre A, du fondement,
& l'autre sur la section de la ligne de vnze heures, & de la ligne
O, P, & le compas ouuert à telle distance, soit mis vn pied au
poinct A, du triangle, & de l'autre soit fait vn poinct sur la ligne
A, B. De rechef soit pris (audit fondement) la distáce du poinct
& centre A, au poinct de la section de la ligne de dix heures à la
dite ligne O, P, & transportee icelle distance audit triangle en
la ligne A, B. En apres faut aussi prendre (audit fondement) la di
stance du centre A, à la section de la ligne de neuf heures à ladite ligne O, P, & celle distance soit transportee audit zodiaque
(ou triangle) sur ladite ligne A, B. Semblablement faut prendre
les distances des huit & sept heures, audit fondemét, & les tráf-
porter (omme dit est) audit triangle en la ligne A, B, comme les
autres. Ce fait, faut tirer des lignes droites par chacun poinct
noté en la ligne A, B (dudit triangle) sequans & croisans à droits
angles ladite ligne A, B, & trauersans d'vn tropique à autre, sça-

uoir eſt du tropique de Cancer au tropique du Capricorne, leſquels tropiques faut deſcrire & marquer, aſſauoir le tropique de
Capricorne à la partie dextre , & celuy de Cancer à la ſeneſtre.
A yãt tiré leſdites lignes trauerſantes d'vn tropique à autre, faut
deſcrire & aſsigner leur nõbre , aſſauoir à la ligne ſignee e, faut
deſcrire 12, & à l'autre ligne enſuyuant ſoit deſcrit 11, & à l'autre
d'apres 10 : & ainſi des autres enſuyuant, aſſauoir 9, 8, & 7, chacune ſelon ſon ordre. Et par ainſi ſera preparé le triãgle, duquel
enſuit la figure.

Figure du triangle , pour la deſcription des douze ſignes, ès
horloges laterales (orientales & occidentales) & pendentes.

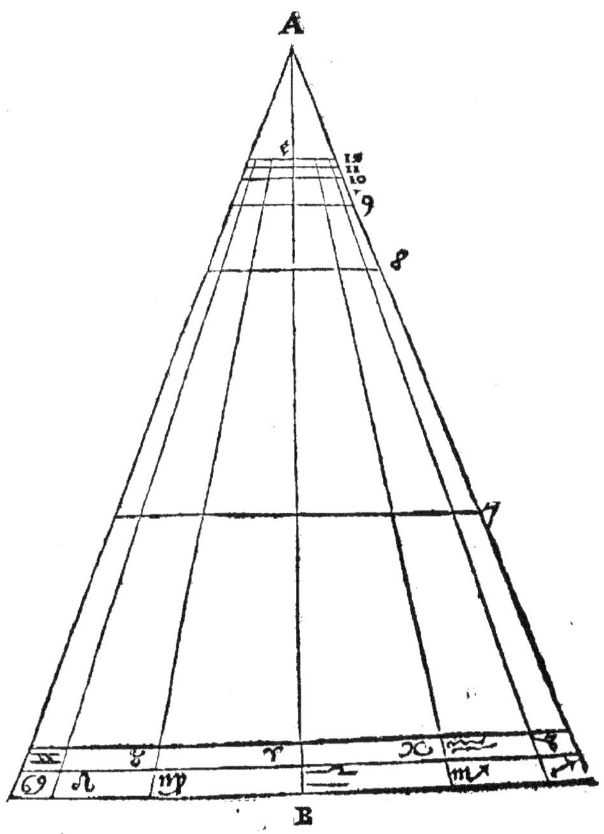

Ce fait, pour deſcrire les douze ſignes du zodiaque eſdites horloges faut proceder par la maniere qui enſuit. Faut premierement tirer deux lignes occultes (ou obſcures & peu apparentes) aſſez longues & paralleles l'vne à l'autre, & diſtātes l'vne de l'autre à diſcretiō, qui ſoyent A, B, & C, D. Puis de la ligne A, B, iuſques à la ligne c, d, ſoit tiré vne ligne occulte qui ſoit e, f, ſequant leſdites lignes a, b, & c, d, à droits angles, és poinčts e, f. Auſquelles lignes a, b, & c, d, faut tranſporter les diſtances des heures deſcrites au fondemčt des horloges (être les lignes O, P, & M, N) par ceſte maniere. Soit mis vn pied du cōpas au poinčt F, & l'autre pied ſoit eſtendu vers le poinčt P, ſur le poinčt & ligne de 11. Ceſte diſtance priſe la faut trāſporter en l'horloge aux deux lignes occultes a, b, & c, d, en mettant vn pied du compas au poinčt c, & auec l'autre pied feras vne marque ſur ladi. ligne vers b, & icelle diſtance faut auſi ſigner en l'autre ligne tirāt de f, vers d. De rechef ſoit mis vn pied du compas audit poinčt F, (du fondemčt) & l'autre eſtēdu ſur le poinčt de 10 heures, & celle diſtance tranſporter en ladite horloge ſur leſdites lignes a, b, & c, d, comme deſſus. Finablement faut tranſporter toutes les diſtances des autres heures (du fondement) en ladite horloge, auſdites lignes a, b, & c, d. Ce fait, ſoit tiré des lignes occultes de chacū poinčt de la ligne a, b (de l'horloge) iuſques à la ligne c, d, aux poinčts correſpōdants à iceux, leſquelles lignes ſoyent paralleles à la ligne e, f, laquelle ligne e, f, denote eſdites horloges la ligne de 6 heures, que faut noter b, & la prochaine ſuyuāte 7, l'autre apres 8, puis les autres ſuyuant 9, 10 & 11. Quand à l'heure de 12, elle ne ſe peult monſtrer eſdites horloges orientales & occidentales, ſi n'eſtoit qu'ils fuſſent declinees. Conſequemment pour les heures de deuant ſix heures, cóme 4 & 5 heures du matin, faut prendre la diſtance depuis la ligne de 6 heures iuſques à 7 & 8 heures, & les tranſporter de l'autre part de la ligne de ſix heures e, f. Cé fait, faut tirer vne ligne apparente du milieu de ladite ligne e, f, tirant vers la ligne de 11 heures, croiſants toutes les lignes des heures à droits angles par le milieu d'icelles, laquelle

quelle ligne reprefentera la ligne equinoctiale. Et faut prendre
garde que ladite ligne de l'equinoctial foit eftendue le long de
la ligne de l'equinocce iouxte fa hauteur, & fera l'horloge pre-
fte pour y defcrire les douze fignes. Pour lefquels defcrire en ladite horloge, faut tranfporter en icelles les diftances des lignes
defdits fignes, prifes à l'endroit de chacune heure, au triangle cy
deffus defcrit en ce chapitre, par la maniere que enfuit. Soit mis
vn pied du compas au poinct c, de la ligne de 12 heures, au trian
gle ou fe croifent ladite ligne de 12 heures & la ligne equinoctiale, & l'autre pied foit eftendu fur le poinct de ladite ligne de
12 heures en la ligne de Cancer, & le côpas ouuert à telle diftâce
foit mis vn pied en la ligne de 6 heures (de l'horloge) au poinct
de la ligne de l'equinoctial, & l'autre pied foit tourné vers le
poinct e, & foit fait vne marque fur ladi. ligne de 6 heures, pour
l'horloge orientale, & faut noter que pour l'horloge occidentale faut tourner le pied du compas vers le poinct f. Ce fait, foit
mis (audit triangle) le pied du compas au poinct de la fection de
la ligne d'vnze heures, & la ligne de l'equinoctial, & l'autre pied
fur le poinct d'vnze heures en ladite ligne de Câcer: & foit trâf-
porté celle diftance en ladite horloge, mettât vn pied du compas en la fection de la ligne de l'equinoctial & la ligne de 7 heu
res, & l'autre pied fur ladite ligne de 7 heures du cofté vers e, &
y foit fait vne marque. Derechef foit mis vn pied du compas (au
triangle) au poinct de la fection de la ligne de l'equinoctial, &
la ligne de 10 heures, & l'autre pied fur ladite ligne de 10 heures,
en ladite ligne de Cancer, & celle diftance foit tranfportee en
l'horloge fur la ligne de 8 heures, d'vne part & d'autre de la ligne de l'equinoctial. Semblablement foit tranfporté les autres
diftances du triangle en ladite horloge. Puis foit produit vne
ligne paffât par tous les poincts marqués en ladite horloge, affa
uoir d'vn poinct à autre. Ladite ligne affemblee fera l'vn des tro
piques, & trâfportant & tirant de l'autre part vne ligne par tous
les poincts fera l'autre tropique, fçauoir du cofté de la ligne a, b,
le tropique de Cancer, & de l'autre part de la ligne c, d, le tropi-

que de Capricorne pour l'horloge orientale, & pour l'horloge
occidentale, les tropiques font à l'oppofite. Ayant par ce moyen
tiré les lignes des tropiques, faut tirer les lignes & paralleles des
autres fignes plus prochains, affauoir les lignes des commencemens de Gemini & Leo, d'vne part, & Sagitarius & Aquarius
de l'autre, ainfi qu'a efté fait cy deuant, mettant vn pied du com
pas au poinct c, du fondement, & l'autre fur la ligne de 12 heur.
en la ligne de Leo, & celle diftance tranfporter en ladite horloge, mettant vn pied du compas fur la ligne de l'equinoctial en
l'interfection de la ligne de fix heures, & de l'autre pied faire v-
ne marque fur ladite ligne de fix heures, tirant vers le poinct e.
De rechef foit mis le pied du compas au poinct de la fection de
la ligne de l'equinoctial, & de la ligne de vnze heures (au triangle) & l'autre pied eftédu fur ladite ligne, iufques en la ligne de
Leo, & raportee celle diftance en l'horloge fur la ligne de 7 heu
res. Et par femblable foit prins (audit triangle) les diftances des
autres heures & ligne de Leo, & foyent tranfportees en ladite
horloge cóme deffus, & par tous les poincts, faut tirer & affembler la ligne qui reprefente la ligne de Leo, & pareillement la ligne de Sagitarius. Semblablement faut par cefte maniere defcrire, & tirer les lignes de Virgo, & de Scorpio, prenant les diftances cóme deffus, & raportees en l'horloge, & par les poincts
former lefdites lignes. Ayant donques defcrit les douze fignes
du zodiaque efdites horloges, faut tirer les lignes des heures apparentes, depuis vn tropique iufqu'à l'autre, & à chacune afsigner & defcrire fó nóbre, ainfi qu'aux autres horloges oriétales
& occidétales. La lógueur du ftile eft la diftáce du poinct A, au
poinct C, du triangle, & fe doit mettre ledit ftile en ladite horlo
ge au poinct de la fection de la ligne de l'equinoctial à la ligne
de fix heures, lequel foit droit & perpendiculaire fur ladite horloge, & à angles droits. En apres pour defcrire (efdites horloges) la ligne demonftrant le leuer & coucher du foleil en l'horlo
ge orientale. Soit mis la reigle fur le poinct de quatre heures au
tropique de Cancer, & fur le poinct de huit heures au tropique

de Capricorne, & foit tiré vne lig. droite de l'vn defdits poinſts
à l'autre, paſſant par le poinct de l'interſection de la ligne de ſix
heures, & de la ligne de l'equinoctial, ceſte ligne deſsigne la ligne de l'horizon, laquelle demonſtre le coucher & leuer du ſoleil en chacun ſigne: car le ſoleil luiſant côtre leſdites horloges,
l'ombre du ſtile marque droit ſur ladite ligne à l'endroit de cha
cun ſigne, le coucher & leuer du ſoleil eſtant en l'vn deſdits ſignes. Pareillemét l'ombre demonſtrant chacune heure du iour,
ſe monſtre (eſdites horloges) en l'interualle & eſpace du ſigne
ou eſt le ſoleil, icelle ombre monte & deſcéd d'vn ſigne à autre,
ſuyuant que le ſoleil ſe tourne & incline d'vn tropique à autre.
Finablement faut marquer les tropiques & autres lignes des ſignes en y deſcriuát leurs noms ou caracteres chacun en ſon endroit. Lon peult qui voudra deſcrire eſdites horloges, les heures
inegales, (attribuees aux ſept planettes) par la maniere que ſera
demôſtré cy apres au dixhuitieſme chapitre de ce liure. Le tout
appert par la figure qui enſuyt.

K.ij.

Horloge orientale, demonſtrant les 12 ſignes du zodiaque, auec les heures, egales & inegales.

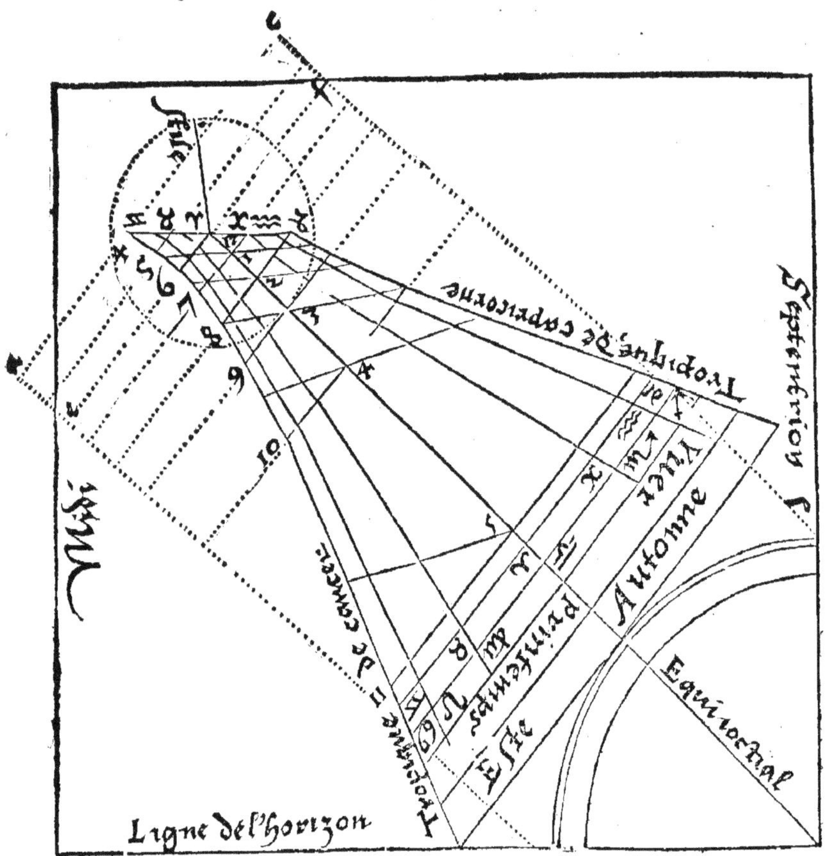

L'horloge occidentale ſe fait & fabrique par meſme maniere que l'horloge orientale, & par vne meſme pratique, & ne different en rien l'vne à l'autre, ſinon que les tropiques & paralleles des ſignes ſe deſcriuent à l'oppoſite l'vne de l'autre, car les ſignes qui ſe deſcriuent à dextre en l'vne horloge, ſe deſcriuent à
ſeneſtre en l'autre : & auſsi que l'horloge orientale ſert pour les
heures de deuant midi, & l'horloge occidentale ſert pour les
heures d'apres midi : comme il appert par la figure ſuyuante.

Horloge occidentale, demonſtrant les 12 ſignes du
zodiaque, auec les heures egales & inegales.

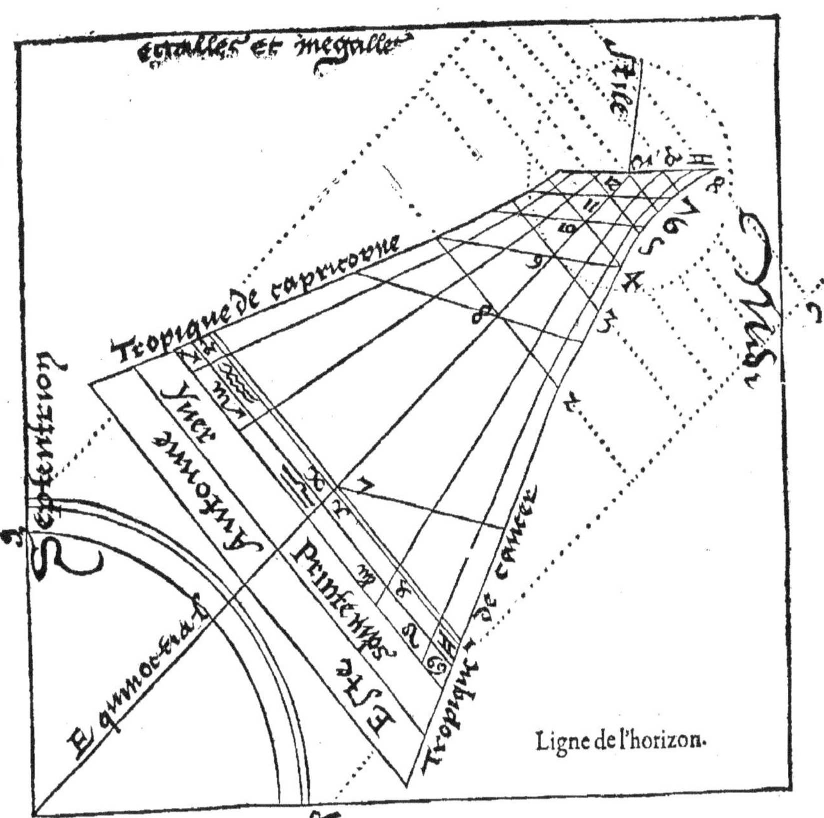

La fabrication & deſcription de l'horloge pendente ne differe à celle des horloges oriétales & occidétales, & ſe fabriquét
par meſme maniere, tant à la deſcription des heures qu'à la deſcription des 12 ſignes du zodiaque: ſinon que ou l'on deſcrit (en
l'horloge orientale) la ligne de 6 heures, en l'horloge pédente ſe
deſcrit la ligne de 12 heures. Et pour y deſcrire leſdits ſignes faut
proceder comme ſ'enſuit. Faut premieremét tirer les lignes des
heures, par la maniere deſcrite cy deuant au huitieme chapitre.
Et les heures tirees (occultes) faut tirer vne ligne droite par le

milieu de ladite horloge trauerſant & croiſât les lignes des heures à angles droits : laquelle ligne repreſentera la ligne equinoctiale, ou ſont deſcrits les commencemens d'Aries & Libra. Et
mettant vn pied du compas au poinct C, ſur la ligne equinoctia
le (au triangle cy deuant deſcrit) & l'autre pied ſur la ligne de 12
heures en la ligne & tropique de Cãcer ou Capricorne. Et le cõpas ouuert a telle diſtãce, ſoit mis vn pied du compas au poinct
de la ſection de la ligne de l'equinoctial, & de la ligne de 12, &
tournant l'autre pied du compas d'vne part & d'autre de ladite
ligne equinoctiale, ſoit fait deux marques en la ligne de 12 heures: aſſauoir vne marque de chacun coſté. De rechef, ſoit mis le
pied du compas au triãgle ſur le poinct de la ſection de la ligne
de l'equinoctial, & de la ligne de 11 heures, & ſoit prins la diſtan
ce iuſques au tropique, & raporter icelle en ladite horloge, met
tant vn pied du compas ſur la ligne de l'equinoctial au poinct
de la ligne de 11, & y faire deux marques comme deuant & meſme diſtance, faut tranſporter ſur la ligne de 1 heure. Ce fait ſoit
mis vn pied du compas ſur le poinct de la ligne de 10 heures en
la ligne de l'equinoctial, audit triangle, & l'autre pied ſur la ligne du tropique, & le compas ouuert à telle diſtãce ſoit mis vn
pied ſur la ligne de l'equinoctial, au poinct de 10 heures de l'hor
loge & fais deux poincts, & autant en fault faire ſur la ligne de
2 heures. Pareillement faut prendre audit triangle les diſtances
des autres heures au tropique, & les tranſporter en ladite horloge ſur les lignes des autres heures. Ce fait, faut tirer deux lignes
courbes, par tous les poincts, paſſant de l'vn à l'autre, leſquelles
lignes repreſentét les deux tropiques: aſſauoir, de Cancer & Ca
pricorne. Puis apres pour proceder à la deſcription des autres li
gnes & paralleles des ſignes fault prendre, au triangle ſuſdit, les
diſtances, de chacune heure aux lignes des ſignes par la maniere deſſuſdite, & les tranſporter en ladite horloge comme dit eſt,
mettant vn pied du compas au poinct C, (du triangle) ſur la ligne de 12, & l'autre pied ſur le poinct de 12, en la ligne de Leo ou
de ſon oppoſite, & celle diſtance trãſporter en l'horloge en met

tant vn pied du compas en la ligne de l'equinoctial sur le poinct
de 12, & de l'autre pied, le tournant d'vne part & d'autre, faut fai
re des marques de poincts sur ladite ligne de 12 heures. Puis de
rechef mettant vn pied du compas au poinct de la section de la
ligne de l'equinoctial, & la ligne de 11 heures (audit triangle) &
l'autre pied au poinct ou ladite ligne de 11 heures croise ladite li
gne de Leo, & ceste distance soit transportee en ladite horloge,
mettant vn pied du copas sur la ligne de l'equinoctial au poinct
de la ligne de 11 heures, & de l'autre pied soit fait deux marques
sur icelle ligne de vnze heures d'vne part & d'autre de ladite ligne equinoctiale, & autant sur la ligne de 1 heure. Ce fait, faut
de rechef prendre (audit triangle) la distance de la ligne de l'e-
quinoctial & la ligne de Leo, sur la ligne de dix heures, & transf
porter celle distance en ladite horloge sur les lignes de 10 heures, & 2 heures. Et ainsi soit fait du reste des autres heures. Et
ayant ainsi transporté lesdites distances, faut tirer vne ligne
curue par tous lesdits poincts d'vn costé & d'autre de la ligne e-
quinoctiale, lesquelles lignes sont attribuees, l'vne à la ligne de
Leo & Gemini, & l'autre de Sagitarius & Aquarius. Semblablement soit fait les lignes attribuees pour les commencemens de
Taurus & Virgo, (d'vne part) & de Scorpius & Pisces d'autre,
prenant (au triangle susdit) les distances des heures & desdites
lignes, & les transporter en ladite horloge, & par les poincts tirer les lignes curues comme dessus. Et ayant formé le Zodiaque
(en ladite horloge) faut marquer lesdits signes par leurs noms
ou caracteres, & chacun en son endroit. La logueur du stile, est
le demi diametre du cercle equateur, par lequel a esté departi &
tiré les heures, ou autrement la distance droite de la ligne de 12
heures, à la ligne de 3 heures apres midy, ou de 9 heures deuant
midy: lequel stile doit estre mis & fiché droit au cetre du cercle
equateur (qui est le poinct ou la ligne de 12 heures croise la ligne
de l'equinoctial) n'inclinant d'vne part ne d'autre, & doit estre
perpendiculaire, & à angles droits sur ladite horloge. L'on peut
aussi descrire en ladite horloge les heures inegales par la manie
re cy apres declaree. L'ombre du stile monstre, en icelle horloge

8⁰

la saison du temps & paralleles des signes, auec les heures egales
& inegales: comme appert par la figure qui ensuit.

Horloge pendente, demonstrant les signes du zodiaque,
auec les heures egales & inegales.

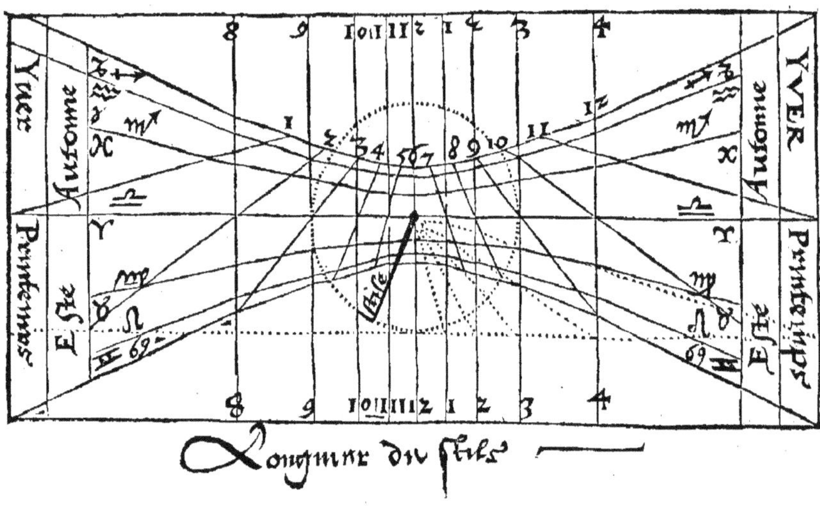

LA MANIERE DE DESCRIRE LES HEVRES

inegales és horloges orientales, occidentales, & pendentes.
Chapitre XVIII.

APres auoir traitté la maniere de descrire & fabriquer les
horloges cy deuant declarees, tant pour la descriptió des
heures egales, qu'aussi à y colloquer & descrire les douze signes
du zodiaque. Maintenant traiterons la maniere d'y descrire les
heures inegales (attribuees aux sept planettes) lesquelles se doi-
uent entendre pour le iour artificiel departi en douze parties e-
gales, en quelque saison que ce soit. Assauoir, l'espace de temps,
que le

que le soleil demeure sur nostre horizon:c'est depuis soleil leuāt
iusques à soleil couchant, & sont dites inegales par ce qu'elles
sont differentes aux heures egales, & sont à l'vne fois plus grandes,autrefois egales,& autrefois plus petites que les heures egales,selon la saison du temps & quantité du iour artificiel. Car le
soleil estant au tropique de Cācer,que le iour artificiel a 16 heures egales(ou d'horloges)ne sont que 12 heures inegales,& alors
lesdites heures inegales sont plus longues que les heures egales
de la tierce partie . Et par contraire : le soleil estant au tropique
de Capricorne,que le iour artificiel est de 8 heures egales , sont
semblablement 12 heures inegales,& alors lesdites heures inegales sont plus courtes que les heures egales . Mais quand le soleil
est en l'equinocce,que le iour artificiel est de 12 heures, alors les
heures egales & inegales sont pareilles & egales en quantité &
espace de temps.Et encores faut entendre que le soleil estant au
tropique de Cācer, les heures inegales du iour sont plus lōgues
que celles de la nuit.Et au contraire, quand le soleil est au tropique de Capricorne,les heures inegales de nuit,sont plus lōgues
que celles du iour,desquelles heures inegales ensuyt la maniere
de les descrire esdites horloges orientales & occidentales,& pé-
dentes.Premierement faut fabriquer l'horloge (soit orientale,
ou occidentale ou pendente) par la maniere qu'à esté enseigné
par cy deuant aux 6,7,& huitiemes chapit. Puis faut prendre la
moitié des heures & minutes du plus lōg iour de la Regiō,pour
laquelle l'on veut descrire l'horloge, & icelle moitié conter en
la moitié du cercle equateur d'icelle horlōge.Comme pour exē-
ple,nous voulons descrire les heures inegales en l'horloge occi-
dentale.Apres auoir fabriqué ladite horloge comme dit est, &
y auoir descrit le zodiaque par la maniere descrite cy deuant au
17 chapitre,nous conterons la moitié de la quantité,du plus lōg
iour artificiel de nostre regiō,qui sōt 8 heures sur le cercle equateur, en la moitié de la circonference, a, d, c, duquel cercle, le
quart a,d,contient 6 heures egales,& faut conter le reste qui est
2,au quart d,c,& ou fine le nombre,faut noter le poinct 10 . Ce

L. j.

fait faut departir l'arc a, x, en 6 parties egales. Et foit mis la reigle au centre e, (dudit cercle equateur) & fur le poinct de chacune diuifion de l'arc, a, x, & ou la reigle croifent la ligne contingente d, p, foit fait vne marque ou poinct. Et ayant tiré & marqué tous les poincts prouenans de la diuifion de l'arc a, x, fur ladite ligne d, p, faut tranfporter la diftance d'iceux poincts en l'autre ligne contingente, b, o, affauoir qu'ils foient autant diftans du poinct b, que les autres font du poinct, d. Ce fait foit mis la reigle fur deux poincts defdites lignes contingentes correfpondans l'vn à l'autre & paralleles, ou egalement diftans de la ligne b, d, & ou la reigle croife le tropique de Cãcer, foit fait vne marque ou poinct, & ayãt tiré & marqué tous les autres poincts audit tropique de cancer, faut tirer les lignes des heures inegales apparentes d'vn tropique à autre, ainfi que s'enfuit. Soit mis la reigle fur le tropique de cancer au poinct ou marque le plus prochain de la ligne de l'horizon, & fur le poinct de la fection de la ligne de 5 heures en la ligne de l'equinoctial, & foit tiré vne ligne du tropique de cancer iufques au tropique de Capricorne. Puis de rechef foit mis la reigle fur ledit tropique de cancer (au poinct ou marque fuiuant) & fur la fection de 4 heures en la ligne de l'equinoctial, & foit femblablement tiré vne ligne d'vn tropique à autre. Finablement faut tirer les autres lignes defdites heures inegales de chacun poinct du tropique de Cãcer par la fection des autres heures en la ligne de l'equinoctial iufques audit tropique de capricorne. Et faut entendre que la ligne de l'horizon eft la douzieme heure inegale que faut marqué 12, la fuiuante 11, puis 10, & ainfi enfuiuant & fuiuant leur ordre. La longueur du ftile eft le demi diametre du cercle equateur, le lieu (dudit ftile) eft le centre e, dudit cercle equateur. Comme il appert par la prefente figure.

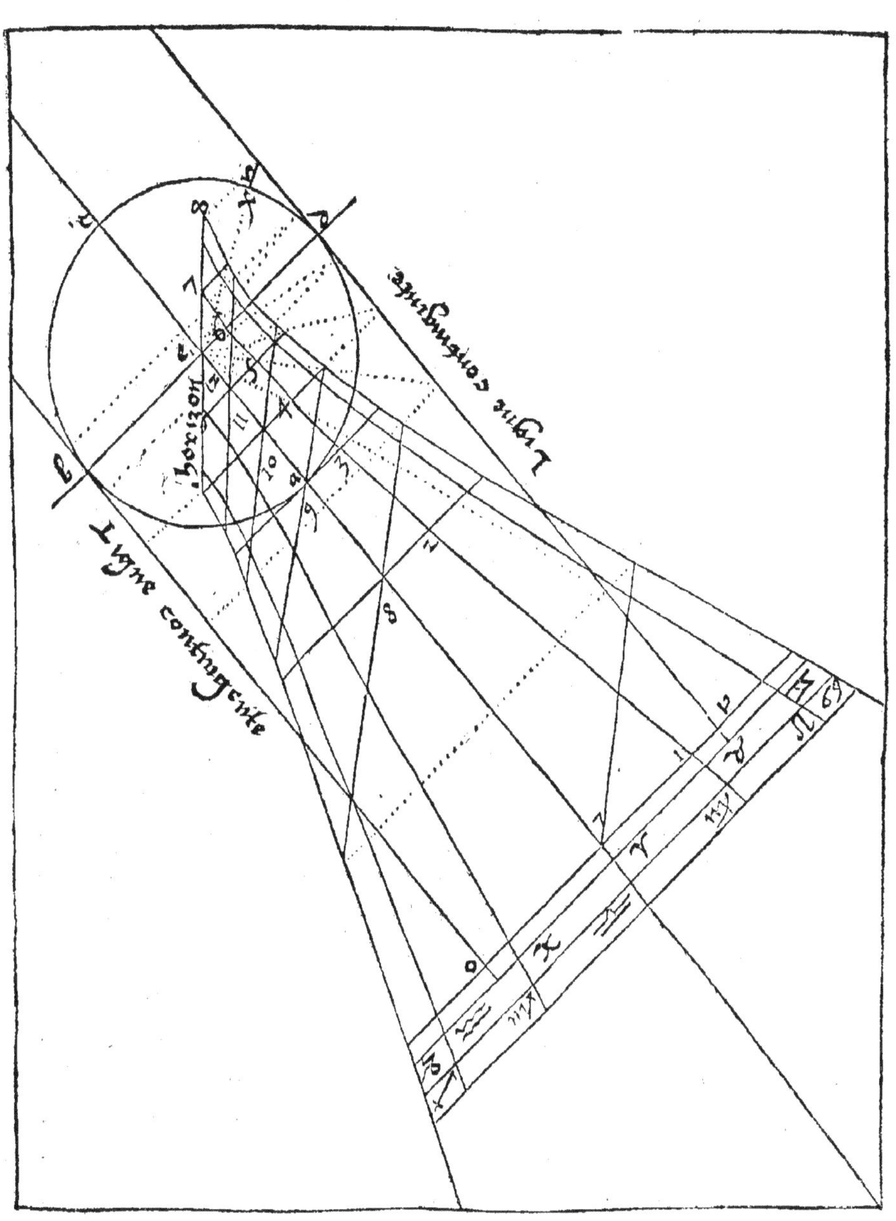

L'on peut auſsi par la meſme maniere deſcrire les heures ine
gales aux horloges pendentes, car c'eſt vne meſme pratique.Si-
non qu'il faut côter la moitié des heu.& minutes,du plus court

iour, au cercle equateur, & diuiser en six parties egales, tant d'v-
ne part que d'autre de la ligne de douze heures . Comme pour
exemple, Pour descrire les heures inegales à l'horloge pēdente,
faut premierement descrire icelle horloge pour les heures egales, puis y descrire le zodiaque, comme deuant à esté dit, puis
prendre la quātité du iour artificiel, le soleil estant au tropique
de capricorne qui est 8 heures, duquel la moitié est 4 heures que
faut conter au cercle de l'equateur, depuis la ligne de 12, iusques
au poinct de 4 heures apres midi, laquelle distance faut diuiser
en six parties egales, & semblablemēt depuis 8 heures de deuāt
midi iusques à ladite ligne de 12 heures . Ce fait, faut du centre
dudit cercle equateur tirer des lignes obscures par chacū poinct
de la derniere diuision, iusques à la ligne contingente, & ou elles attoucheront ladite ligne contingente, faut faire des marques ou poinct. Ce fait, faut auec le compas, raporter les distances desdits poincts faits (en ladite ligne contingente) en vne autre ligne contingente . Puis faut mettre la reigle sur les poincts
desdites lignes contingentes, assauoir d'vn poinct à l'autre son
opposite, & soit marqué la section de ladite reigle au tropique
de capricorne. Finablement soit mis la reigle sur chacun poinct
marqué en la ligne du tropique de capricorne, & sur chacune
heure en la ligne de l'equinoctial & tiré les lignes des heu. inega
les d'vn tropique à autre. Et faut entēdre, que la ligne de 12 heures est la fin de la sixieme heure inegale, & le commencement
de la septieme. Et consequemment faut assigner à chacune desdites heures inegales son nombre, suiuāt son ordre. Le stile doit
estre mis au poinct ou la ligne de 12 heures croise la ligne de l'e-
quinoctial, qui est le centre du cercle equateur. La longueur d'i
celuy est le demy diametre dudit cercle de l'equateur, ou seulement prendre la distance de la ligne de douze heures à la ligne
de troys heures, le tout cy dessus est demonstré par la figure de
l'horloge pendente, descrite au chapitre precedent.

L'on peut aussi pareillement descrire les heures inegales és
horloges horizontales, & verticales soit, regardans precisemēt

le midi, ou inclinans vers les parties d'orient & d'occident, en diuifant(au cercle equateur)la moitié des heures de la quantité du iour artificiel de l'vn des tropiques, felon l'horloge que l'on veut defcrire,en fix parties egales, & tirer les lignes, & faire les poincts efdits tropiques,& finablement tirer les lignes des heures inegales, d'vn tropique à autre, par la maniere cy deffus declaree.Et fuffira pour la defcription des heures inegales efdites horloges horizontales & verticales,inclinans ou nõ, & des hor loges orientales & occidétales,& pendentes : car le tout eft vne mefme pratique . Et le fabricateur entendant bien ladite pratique,en pourra faire & defcrire en plufieurs & diuerfes fortes à fa difcretion.

AVTRE MANIERE DE DESCRIRE LES DOVZE
fignes du zodiaque és horloges,tant horizontales & verticales, que laterales,pendentes & autres par le triangle du zodiaque,appliqué
en inftrument.　　Chapitre　XIX.

NOus auons, par cy deuant, traitté la maniere de defcrire les douze fignes du zodiaque,és horloges,tant horizontales & verticales, que pendétes & laterales, par la pratique demonftree au fondement des horlo ges cy deuant defcrit au feizieme chapi.Maintenant nous enfei gnerons en bref la maniere de figurer & defcrire lefdits fignes efdites horloges,par lignes trauerfates du triãgle du zodiaque, appliqué en inftrument,duquel la fabrication eft defcrite audit feizieme chapitre auec le fondement des horloges, defcriuant ledit inftrument fur vne petite tablette de boys ou autre chofe, fçauoir le demy cercle A, B, C, duquel le centre foit E,& ledit demi cercle parti en deux parties egales, ou quarte, & chacun quart diuifé en 90 degrez, puis contre la plus grande declination du foleil d'vne part & d'autre du poinct B, & y feras deux marques,par lefquelles fera tiré des lignes,du centre E, lefquelles reprefenteront les deux tropiques . Finablemét faut tirer les autres lignes & paralleles des fignes.Le tout fuiuant la maniere

descrite audit seizieme chapitre, pour la fabrication dudit triãgle. Et qui voudra, l'on pourra descrire (audit triangle) la longueur des iours & des nuits artificiels : assauoir , au tropique de
capricorne, soit descrit 8, qui sont les 8 heures que tient le iour le
soleil estant audit tropique de capricorne. Et à la ligne de Pisces
& Scorpio, soit descrit 10 heures. A la ligne d'Aries & Libra (qui
est la ligne de l'equinocce) soit descrit 12 heures que tient le iour
artificiel, le soleil estant en ladite ligne. Et en la ligne de Taurus
& Virgo, soit descrit 14 heures. Ce fait, pour les signes: & parties
d'iceux, ou les iours ont 9,11,13, & 15 heures , faut conter (de la ligne d'Aries & Libra) au petit cercle en la partie superieure dix-
sept degrez, & y soit fait vne marque, & (d'icelle ligne) en l'autre
partie du cercle, pareil nombre, & y faire vne autre marque , &
soit mis la reigle sur iceux deux poincts, & soit fait vne marque
en l'arc f, g. En apres du centre E, (du grand demi cercle) soit tiré de grandes lignes droites qui feront, assauoir, l'vne entre la ligne d'Aries, & la ligne de Pisces, ou soit descrit 11 heures, car tãt
d'heures tient le iour alors . Et entre ladite ligne d'Aries & la ligne de Taurus soit descrit 13 heures . Finablement, faut conter
d'vne part & d'autre, du poinct f, (au petit cercle) trente six degrez, & faire des marques, comme dessus, à l'arc f, g. Puis du centre E, du grand demi cercle, par lesdits poincts ou marques de
l'arc f, g, soit tiré deux lignes droites, qui feront l'vne entre les lignes d'Aquarius & Pisces, ou faut descrire 9 heures, & l'autre ligne entre les lignes de Taurus & Gemini, ou soit descrit 15 heures, car tant est la quantité des iours alors . Consequemment,
pour descrire les signes du zodiaque, esdites horloges, par ledit
instrument descrit (comme dit est) sur vne petite tablette qui
soit carree de la largeur du diametre A, C, & de longueur suffi-
sante pour y descrire ledit instrument, contenant les 12 signes
du zodiaque, fabriqué suiuant la declination du soleil à la ligne
equinoctiale. L'horloge preparee auec son stile: faut attacher ledit instrument au stile de ladite horloge, en telle maniere que
le diametre A, C, (de l'instrument) soit le long du stile, & le cen-

tre E, dudit inftrument foit au milieu dudit ftile, ou autre endroit, ou fera fait vn neud ou autre marque, qui auec l'óbre du
foleil demonftrera efdites horloges les paralleles & lignes des fi
gnes, & fert de ftile pour lefdits fignes. Ce fait faut attacher &
faire tenir au neud dudit ftile & centre E, de l'inftrument vn fillet affez long, lequel mis & eftendu, fur & le long de chacune li
gne des fignes, audit triangle, puiffe attaindre & venir iufques
au mur fur chacune heure de l'horloge pour y defcrire lefdits fi
gnes. Pour lefquels defcrire ledit inftrument auec le fillet attaché au ftile, foit mis le fil fur chacune ligne des fignes, audit triã
gle, & marquer fur la ligne de 12 heures de l'horloge, les poincts
d'iceux fignes. En apres tournant l'inftrument, foit tiré le fillet
le long des lignes des fignes, dudit inftrument, & les marques
fur la ligne de vnze heures deuant midi, & vne heure apres midi. Confequemment foit tourné ledit inftrument le long de la
ligne de 10 heures deuãt midi, & de 2 heures apres midi, & auec
le fillet, marque les fignes fur lefdites heures. Finablement tour
ne l'inftrument auec le fillet fur les lignes de 9. heures deuãt midi, & troys heures apres midi, & marque les fignes efdites heures. Et femblablement tourne l'inftrument auec le fillet, & mar
que lefdits fignes fur toutes les autres lignes des heures. Et note que le fillet eftant fur chacune ligne des fignes, comme s'il
fuft fur la ligne de cancer, faut marquer les poinchts dudit figne
fur chacune heure de l'horloge.

Puis faut affembler vne ligne, curue, par tous les poincts de cha
cun figne, & par cefte maniere faut affembler les lignes de tous
les fignes du zodiaque, premierement l'vn des tropiques, & les
autres enfuyuans. Et la ligne d'Aries & Libra reprefentent la ligne de l'equinoctial ou equateur fe trouue toufiours droitemét
tombant du neud du ftile à droits angles fur la ligne de douze
heures en l'horloge tirant le fillet le long de la ligne equinoctiale de l'inftrumẽt, & faire vne marque, (& de ladite marque,) faut tirer vne ligne droite orthogonne, croifant la ligne
de douze heures à angles droits. Car comme, en la Sphere, la

ligne de l'axe & la ligne de l'equateur ſe croiſent & interſequêt
l'vne l'autre à angles droits. Pareillement en tous horloges, le ſti
le & la ligne de l'equinocce ſe croiſent & interſequent à angles
droits. Et ſi l'horloge regarde preciſement le midi ſans incliner
de partie ne d'autre, lors la ligne equinoctiale ſe tire à angles
droits ſur la ligne de 12 heures, & ſur le ſtile, les lignes des ſignes
tirees (comme dit eſt) faut deſcrire les nós ou caracteres d'iceux
ſignes chacun en ſon endroit & ſuiuant ſon ordre, deſſignant le
tropique de capricorne en la partie ſuperieure, & le tropique de
cancer en la partie inferieure, & les autres ſuyuant leur ordre.
Et par ce moyen, l'on peut deſcrire toutes ſortes d'horloges, tãt
par l'inſtrument premier deſcrit cy deuant au quinzieme chapi
tre pour la deſcription des heures, & par le preſent inſtrument,
pour y deſcrire les lignes & paralleles des douze ſignes.

C O M M E N T L'O N P E V T D E S C R I R E P L V-
ſieurs horloges en vne tronſſe de boys, pierre, ou autre choſe ſemblable.　　　Chapitre　X X.

Ous auons par cy deuant dit, au chapitre onzieme, comme l'on peut faire & deſcrire pluſieurs & diuerſes horloges en vne tronſſe de boys, ou pierre, ou autres choſes ſemblables. Nous auons bien voulu icy traitter comme l'on peut auſsi
deſcrire pluſieurs horloges en vne tronſſe de boys, pierre, ou au
tre choſe ſemblable, non en la ſorte cy deuant deſcrite, mais en
autre maniere. Car audit onzieme chapitre, eſt eſcrit la tronſſe
ou pierre coupee en huit pans ou faces, apres l'equinoctial & l'a
xe du monde ſur l'horizon, duquel la baſſe (ſur lequel eſt poſé)
eſt l'vn deſdits pans ou faces. Et ceſtuy cy eſt aſsis & poſé ſur ſon
lict ou plat, & les pans & faces, coupees en huit, ou en tant que
l'on voudra, à l'entour du circuit de ladite pierre ou tronſſe. Et
à bref dire, au lieu que l'autre eſt debout & aſsis ſur l'vne de ſes
faces, ceſtuy ſera couché & aſsis ſur ſon plat. Et à chacune face
ou pan y deſcrire vne horloge, comme en l'autre : toutesfois nó
ſembla

ſemblables : mais differentes en aucuns d'iceux, au premier deſcrit cy deuant ſe fait neuf horloges, aſſauoir, horizontal, vertical regardant le midi, & autre vertical, regardant le Septentrion pour les heures eſtiualles, auec les horloges orientales & occidẽtales, que pareillement ſe peuuent deſcrire en ceſtuy cy. En l'autre ſe deſcrit les horloges equinoctiales & pendentes, tant ſuperieures qu'inferieures, & en ceſte cy non, à cauſe que les pans, ou faces, ſont d'autre maniere. Mais en ceux cy ſe peuuent deſcrire les horloges inclinees de midi vers orient, & vers occident, & encores inclinees d'orient & d'occident, vers ſeptentrion. Et en tant de faces ou pans qu'il plaira à l'ouurier, lequel apres auoir pratiqué ſa tronſſe, ou pierre, en tant de faces ou pans qu'il voudra y deſcrira les horloges, telles que bõ luy ſemblera, les fabriquant par la maniere cy deuant deſcrite particulierement pour chacune horloge ayant recours aux chapitres d'icelles, ſans la reiterer icy, pour cauſe de briefueté. Et auons deſcrit ce chapitre pour aduertiſſement.

DESCRIPTION DE L'HORLOGE CONCAVE en demi Sphere. Chapitre XXI.

SOit fait & preparé la demi Sphere concaue, en bois, pierre, ou autre matiere ſolide, de laquelle le limbe ou bord du cercle ſoit ſigné par ces lettres A, B, C, D, lequel limbe, ou bord, repreſentera l'horizon deſcriuant leſdites quatre lettres aux quatre quarts du cercle, duquel la lettre A, denotera la partie d'orient B, Septentrion C, Occident, & D, le meridien. Et dans la concauité faut tirer deux demis diametres qui ſoient A, E, C, & B, E, D, leſquelz ſe croiſent au milieu & centre de ladite demi ſphere, & ſoit noté ledit centre E, deſquels deux demis diametres, diuiſant ladite demi ſphere en quatre quarts ou parties egales, dont le demi cercle B, E, D, repreſente la partie meridienne ſoubs terre, & le demi cercle A, E, C, la moitié du cercle vertical, croiſant l'vne l'autre orthogonnellement. Ce fait ſoit diuiſé la quarte ſeptentrionnale E, B, en 90, parties egales, commençant à nombrer du poinct B, vers le centre E. Ce fait, faut conter (en icelle quarte B, E (du centre E, vers le poinct B, l'eleuation du pole de l'habitation, & ou le nombre finera, faut marquer F, & en la quarte E, D, pareil nombre de E, vers D, & y soit fait le poinct G, & l'arc F, G, le quart d'iceluy cercle meridien B, E, D, ledit poinct G, denotant le pole de l'equateur soubs l'horizon . Puis soit mis vn pied du cópas au poinct G, & l'autre au poinct F, & seló l'ouuerture dudit cópas, soit fait le demi cercle A, F, C, qui denote la moitié de l'equateur, passât par les poincts A, & C. Ce fait faut cóter au quart B, E, la plus gráde declinatió du soleil de costé & d'autre du poinct F, & à la fin de ladite declination soit fait les poincts H, & I, assauoir I, vers B, & H, vers E . Puis faut mettre vn pied du compas au poinct G, & l'autre au poinct I, & selon l'ouuerture dudit compas soit tiré l'arc (ou ligne) du tropique de capricorne, qui sera noté K, I, L, & en serrant le compas iusques au poinct H, faut semblablement tirer & descrire le cercle du tropique de cancer . Consequemment faut diuiser l'arc A, F, C, de l'equateur en douze parties egales, assauoir chacun quart en 6 parties, qui seront les interualles des douze heures. Ce fait faut descrire les lignes des heures en ceste maniere . Soit le compas ouuert à la distance & espace du quart A, F, ou F, C, d'iceluy equateur A, F, C, puis soit mis vn pied du compas sur chacune diuision du quart A, F, & l'autre pied (sans ouurir ne fermer le compas sur chacune diuision du quart F, C, & soit descrit les arcs & lignes des heures, trauersans d'vn tropique à autre, & s'il l'on veut on les tirera & fera outre à discretion . Semblablement sans varier le compas, faut mettre vn pied sur chacune diuision du quart F, C, & l'autre pied sur chacune diuision du quart A, F, & soit aussi descrit les arcs & lignes des heures d'iceluy quart, comme a esté fait de l'autre quart, pareillemét mettant le pied du compas sur chacune diuision de l'equateur, outre la ligne de six heures, l'on descrira les heures de deuant & apres six heures, assauoir 4, & 5, heures deuát midi, & 7, & 8, heures apres midi . L'on peut aussi qui voudra tirer les lignes des

heures, auec vne reigle (tenure & foible) que l'ó puiſſe courber,
en mettant ladite reigle au poinct G, & ſur chacune diuiſion du
cercle equateur, & tirer leſdites lignes comme deuant. Leſdites
heures egales ainſi tirees & deſcrites, faut à chacune deſcrire
ſon nombre du poinct C, vers les poincts F, & A, chacune ſuyuant ſon ordre & deſcrire (au tropique de cancer) les heures de
deuant & apres ſix heures, iuſques à la quantité des heures du
plus long iour, qui ſont de quatre heure deuant midi iuſques à
huit heures apres midi. Et qui voudroit deſcrire en icelle horloge les autres lignes & paralleles des ſignes, faut cóter d'vne part
& d'autre du poinct F, vnze degrez tréte minutes, & y faire des
poincts ou marques . Puis en mettant vn pied du compas au
poinct G, & l'autre ſur chacũ deſdits poincts ou marques, faut
tirer deux arcs, dont l'vn repreſentera les paralleles de Taurus
& Virgo, & de Piſces & Scorpio. Ce fait faut conter auſsi de cha
cun coſté du poinct F, vingt degrez douze minutes, & y faire
des marques, puis le compas mis au poinct G, & ſur chacun deſ
dits poincts ou marques & tirer les arcs comme deſſus, leſquels
repreſenteront, l'vn le parallele de Gemini & Leo, & l'autre de
Sagitarius & Aquarius . Finablement, qui voudra deſcrire les
heures inegales, en icelle horloge concaue, faut proceder en la
maniere qui enſuyt. Premierement ſoit parti le cercle ou arc de
capricorne K, I, L, & l'arc du tropique de cancer M, H, N, chacun en douze parties egales, & de chacune diuiſion d'vn tropique iuſques à chacune diuiſion de l'autre tropique, ſoit tiré vne
ligne paſſant par les poincts de pareille diuiſion & nombre en
la ligne de l'equateur, leſdites lignes ſe peuuent tirer auec vne
petite reigle foible, & qui ſe puiſſe courber & plier en arc, & a-
uoir ainſi tiré leſdites heures inegales leur faut attribuer & deſcrire leur nombre, commençant à conter de la part d'occident,
iuſques à la part d'orient . Le nombre deſdites heures inegales
doit eſtre eſcrit & marqué par lettres vulgaires, & celuy des heu
res egales par lettres de chiffre, pour la difference d'icelles heur.
Le ſtile doit eſtre mis & fiché au centre E, droit & perpendicu-

laire, la longueur d'iceluy eſt le demi diametre de l'horizon, A,
B, C, D, & doit eſtre mis par telle maniere que la pointe d'iceluy
reſponde iuſtement au centre dudit horizon. Et pour ce faire
ſoit mis vn fillet, ou vne reigle aux poincts A, C, & vn autre aux
poincts B, & D, & adreſſe le ſtile, tant que la pointe d'iceluy ſoit
iuſtement & droit ſoubs la ſection & poinct, ou leſdits deux fil-
lets ou reigles ſe croiſent l'vn l'autre, Comme appert par la figure enſuyuante.

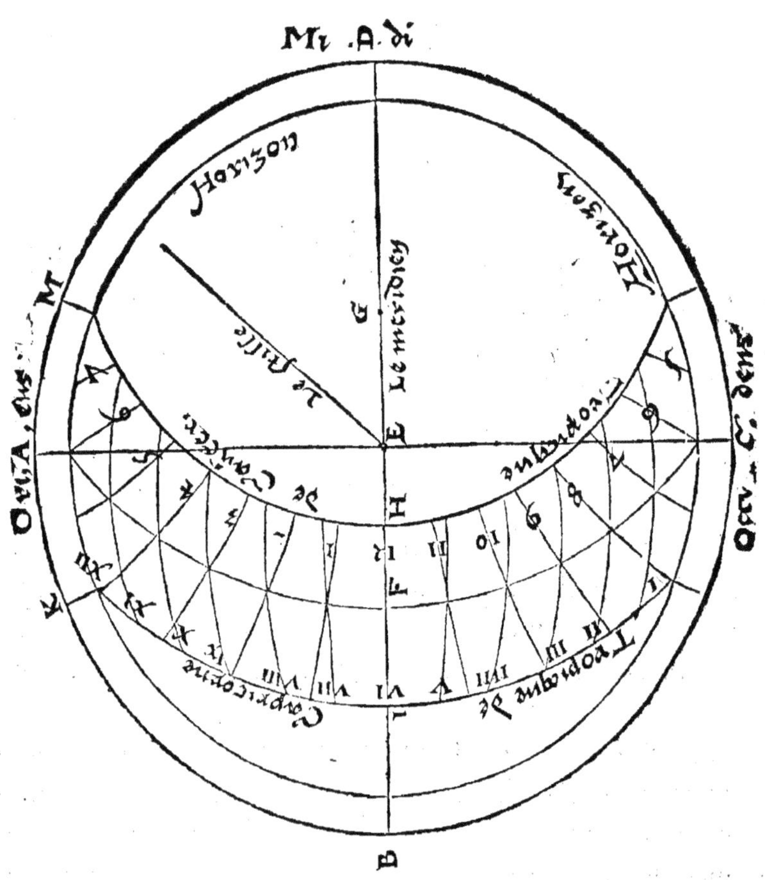

Ladite horloge ſe doit mettre & colloquer iuſtement le lõg
de la ligne meridienne, & ſur icelle, aſſauoir que le diametre B,
E, D, ſoit & reſponde iuſtement ſur ladite ligne meridienne.

L'on peut auſsi(qui voudra)outre le centre E,par chacune diuiſion du quadran,ou quarte partie E , B, faire & deſcrire les cercles qui repreſenteront les paralleles des hauteurs,ſi l'inſtrumēt
& horloge eſt aſſez grand. Et d'auantage l'on y peut auſsi deſcri
re les cercles verticals à chacune partie de l'horizon A, B, C,D,
leſquels s'aſſemblent au centre E,& à ſon poinct oppoſite.

DE LA SPHERE CONCAVE.

L'On peut deſcrire ladite demie Sphere cōcaue par autre ma
niere que laiſſons pour cauſe de briefueté . Toutesfois voulons bien donner ceſt aduertiſſement que ſi l'on veut l'on pourra deſcrire vne Sphere entiere,& toutesfois concaue comme ladite demi ſphere, & cōme ſi deux demis ſpheres eſtoient aſſem-
blees l'vne contre l'autre, & en la concauité de ladite ſphere y
deſcrire la ligne de l'equateur correſpondant d'vne part & d'au
tre,aſſauoir la partie de deſſus l'horizō,& la partie de deſſoubs,
& y deſcrire les deux tropiques cōe en la demi ſphere cōcaue,&
qui voudra l'ō y deſcrira les autres lignes & paralleles des ſignes
du zodiaque.Semblablement les heures egales & inegales, dōt
la ligne meridiēne de douze heures eſt en la partie de deſſoubs,
& les autres ſuiuant leur ordre,& le reſte des heures outre les ſix
heures,deuant & apres midi ſe trouuent au deſſus de l'horizon.
Toutes leſquelles heures (aſſauoir les egales) ſe diuiſent egalement ſur la ligne de l'equateur,en diuiſant ledit equateur,en 24
parties egales . Et les heures inegales ſe diuiſent par la maniere
cy deuant declaree contant la quantité des iours artificiels, en
chacun tropique, & y faire des poincts ou marques de coſté &
d'autre de la ligne de 12 heures . Puis en chacun tropique d'vne
marque à autre ſoit diuiſé en 12 parties egales, & à chacune diui
ſion faire vn poinct ou marque.Ce fait(comme en la demiſphe
re cōcaue)faut tirer les lignes deſdites heures inegales,d'vn tropique à autre par les poincts des diuiſions correſpondantes, &
paſſant par les poincts des heures egales en la ligne de l'equa-
teur.Et ayant tiré,tant les heures egales qu'inegales, leur faut at

M. iij.

tribuer & defcrire leur nombre chacune en fon en droit fuiuant leur ordre,& ladite fphere concaue ainfi difpofee la faut mettre & pofer à fon meridien,affauoir que la ligne meridienne foit iu ftement fur la ligne trouuee & defcrite pour le meridien de l'ha bitation ou l'on veut faire feruir ladite horloge.Et pour cognoi ftre l'heure en ladite horloge, faut au lieu de ftile, faire vn per tuis en la ligne equinoctiale,en la partie au deffus de l'horizon, iuftement au poinct de la fection de la ligne de l'equinoctial à la ligne meridienne,par lequel pertuis le Raion du foleil demó ftrera l'heure,tant egale qu'inegale, & la partie (ou parallele du figne ou fera le foleil.Et pour ce que par ledit pertuis l'ó ne pour roit auoir & cognoiftre tout le lóg du iour lefdites heures, & a uoir le ray du foleil dans ladite fphere, (à caufe de la rotondité) eft befoing de faire deux autres pareils pertuis, aux deux coftez de ladite horloge & fphere en la ligne de l'horizon, affauoir: au poinct de l'interfection de la ligne equinoctiale, & de ladite li gne de l'horizon.Et pour voir dedans ladite fphere concaue, le raion du foleil demonftrant les heures,faut faire vne ouuerture au derriere de ladite fphere,du cofté de feptentrion de telle grá deur qu'on y puiffe voir à fon aife.

DESCRIPTION, FABRICATION, ET VSAGE DE l'horloge generale,fur vne fuperfice plaine & quadrangulaire. Chap.XXII.

POur defcrire l'horloge generale,feruant iufques à la region ou la latitude(ou eleuation du pole) eft 66 degrez 30 minu tes,ou plus ainfi que bó femblera fera fait ainfi qui s'enfuit. Pre mierement faut defcrire vn cercle, duquel le centre foit A , qui foit parti en quatre quarts par deux diametres B,E , & C,D . Et foit la quarte D,B,diuifee en 90 pties egales, cóméçát au poinct D,& pareillemét,la quarte C,B,ce fait foit cóté (du poinct B,ti rát au poinct D)la plufgráde declinatió du foleil,affauoir, 23 de grez 30 minu.Et ou finera le nóbre foit fait,le poinct F, & de pa reille diftáce foit fait le poinct G,en la quarte B,C & le cópas ou uert à telle diftáce foit mis vn pied au poinct E,& de l'autre pied

ſoit fait les marques & poincts L,&,M, de coſté & d'autre dudit poinct E, aſſauoir, le poinct L, en la quarte C,E,& le poinct
M, en la quarte, E, D, ce fait faut tirer deux lignes paralleles au
diametre B,E, aſſauoir l'vne du poinct G, au poinct L, & l'autre
du poinct F, au poinct M, repreſentãt les lignes de 12, heu. l'vne
meridienne & l'autre nocturne, en l'eſpace deſquelles ſeront
deſcrites les heures. Conſequemment faut deſcrire le triãgle,
contenant le zodiaque (ou ſeront deſcrits les douze ſignes &
leurs parties auec l'eſchelle de hauteur pour la deſcriptiõ des la-
titudes) en ceſte maniere, ſçauoir, pour ledit zodiaque, ſoit tiré
vne ligne droite du poinct G, au poinct F, & ou elle croiſe le diametre B,E, ſoit marqué le poinct H, puis ſoit mis vn pied du cõpas, au poinct H, & l'autre au poinct G, ou F, & ſoit deſcrit vn
cercle obſcur paſſant par leſdits poincts G, & F, qui ſoit marqué
G,I,F,K, ce faict du centre A, ſoit tiré deux lignes droites, aux
poincts G, & F, qui repreſenteront, ſçauoir eſt la ligne A,G, le
tropique de Cancer, & la ligne A,F, le tropique de capricorne.
Ce fait faut diuiſer le cercle occulte G,I,F,K, en douze parties
egalles, puis mettant la reigle ſur deux deſdites diuiſiõs les plus
prochains du poinct F, ſoit marqué le poinct ou ladicte reigle
croiſe (ou entrecoupe) l'arc G,B,F, puis de rechef ſoit mis la reigle ſur les deux autres poincts enſuiuans, & marquer la ou ladicte reigle coupera ledit arc G,B,F, ſemblablemét faut marquer
& raporter tous leſdits poincts audict arc. Ce fait du centre A,
à chacune marque faicte en l'arc G,B,F, ſoit tiré les lignes des
paralleles des ſignes du zodiaque, ainſi qu'il a eſté demõſtré cy
deuant au ſeizieſme chapitre, traitant la deſcription du zodiaque. Et ayant tiré les lignes dudit zodiaque les faut marquer par
leurs caracteres. Et faut entendre que la ligne du diametre B,
A, E, eſt la ligne de l'equinoctial, qui eſt la ligne du cõmence-
ment d'Aries & Libra, la ligne enſuiuãt à ſeneſtre eſt la ligne du
commencemét de Taurus, & Virgo, & l'autre ligne enſuiuãt le
commencement de Gemini & Leo. Et la ligne A, G, le tropique de cancer. Pareillement la ligne plus prochaine de la ligne

de l'equinoctial (du costé dextre) est la ligne du commencemēt de Scorpius & Pisces, & l'autre ligne ensuiuant le cōmencemēt de Sagitarius & d'Aquarius, & la ligne A,F,le tropique de Ca-pricorne. Semblablement l'on peut descrire les parties desdits signes comme d'vn degré à autre, ou de cinq degrez en cinq de grez, ou à tout le moins de dix degrez en dix degrez (comme a-uons fait en la figure cy apres mise (en diuifant l'espace de cha-cun signe en trois parties egales, au cercle occulte G , I , F , K , & marquer les poincts en l'arc G,B,F, & du cētre A, tirer les lignes par lesdits poincts , le tout par la maniere qu'auons fait des li-gnes des signes. Consequemment faut descrire les lignes de la latitude,(ou eleuation du pole artique) que sera icy nommé l'es chelle de hauteur, autrement le zodiaque des habitations, les-quelles trauerserōt les lignes des signes, & pour les descrire faut diuiser comme a esté cy dessus les deux quartes D,B, & C,B, cha cun en 90 parties egales ou degrez , ou seulement en 18 parties, & chacune d'icelles vaudra 5 degrez, & soit mis la reigle au cen-tre A, & sur chacune diuifion , & faut tirer des lignes occultes, & ou elles couperōs les lignes G,L, & F,M, soit fait des poincts ou marques, & par ce moyen tirer toutes lesdites lignes obscu-res, pour lesdites hauteurs , iusques à 66 degrez , 30 minutes , & qui voudra ne diuiser que le quart D , B , seulemēt il suffiroit en raportant les distances des poincts, marquer en la ligne F,M, en la ligne G,L . Ce fait faut mettre la reigle sur chacune desdites marques d'icelles lignes F,M, & G,L, assauoir sur deux poincts correspondans l'vn à l'autre, & tirer des lignes apparentes, dans ledit triangle, trauersantes du tropique à autre, & à l'endroit de chacune ligne de hauteur, faut descrire son nombre commen-çant au centre A, & cōtinuer depuis dix degrez iusques à 66 de-grez 30 minutes . Finablement faut descrire les heures en ladite horloge, par ceste maniere. Soit mis vn pied du compas au cen-tre A, & l'autre au poinct de la section de la ligne G, L , ou la li-gne F,M, qui seront marquez O , & N , & selon l'ouuerture du compas soit descrit vn cercle obscur passant par lesdits poincts,

O,& N,

O,& N,lequel cercle faut diuiser en 24 parties egales pour la di
stribution des heures,puis soit mis la reigle sur deux poinct d'i-
celle diuision,correspódants l'vn à l'autre,& soit tiré des lignes
apparentes de la grandeur (ou longueur) que l'on voudra faire
ladite horloge,lesquelles lignes des heures,soient paralleles au
diametre B,A,E,& à icelles heures faut descrire leur nóbre, requis & suiuant leur ordre,& faut sçauoir que la ligne F,M,est la
ligne de 12 heures,du midi,& la ligne G,L,la ligne de 12 heures,
du minuit, à laquelle faut commencer à descrire les heures de
deuant midi,continuant iusques à ladite ligne,du midi F,M, à
laquelle se comméce aufsi à descrire les heures d'apres midi, retournant vers ladite ligne de 12 heures de nuit G,L,lesquelles
heures,qui voudra,se pourront partir,en demies heures, &
quarts d'heures les partissant au cercle des heures & tirant de pe
tites lignes és espaces des heures. En apres faut descrire le zodia
que meridien,lequel sera le long de la ligne meridiéne F,M, en
ceste maniere,soit conté la plus grande declination du soleil en
la quarte D,B,tirant de D, vers B, & ou fine le nombre soit fait
le poinct P,puis(auec le cópas) soit prins la distance D,P,& tran
sportee de l'autre part dudit poinct D, & marquer le poinct Q.
Ce fait faut tirer deux lignes droites du cétre A,aufdits poincts
P,& Q,& ou icelles lignes secquét & croisent la ligne F,M,soit
fait les poincts & marques R,S,& au poinct de la section de ladite ligne F,M,& du diametre C, D, qui est le poinct N, faut
mettre vn pied du compas,& l'autre pied au poinct R, ou S, &
soit fait vn petit cercle obscur passant par lesdits poincts R,&
S,lequel soit diuisé en 12 parties egales, & soit tiré les lignes &
paralleles des signes & parties d'iceux,ainsi que dessus a esté dit
à la descriptió du zodiaque des regions, duquel petit zodiaque
meridié la ligne du demi diametre A,D,est la ligne equinoctiale,& faut descrire le tropique de Cancer,au poinct R,qui est du
costé du poinct F, & le tropique de Capricorne, du costé du
poinct M,au poinct S,&les autres lignes & paralleles des signes
en ensuiuant leur ordre , le tout par la maniere cy dessus trans-

crite. Ledit petit zodiaque se peult descrire par autre maniere, & pour le plus abregé, soit pris, au triangle du zodiaque des regions, la distāce de la ligne equinoctiale à chacun parallele des signes, sur la ligne de la latitude de 45 degrez en mettāt vn pied du compas au poinct de la ligne equinoctiale & de ladite ligne de la hauteur de 45 degrez, & l'autre sur chacune ligne des paralleles des signes, sur ladite ligne, & icelles distances trāsporter & traduire audit petit zodiaque du meridiē, mettāt vn pied du compas au poinct N, de la section du demi diametre A,D,& de la ligne meridienne F,M, & de l'autre pied soit marqué sur ladite ligne F,M. Les distances desdites lignes des signes pour ledit petit zodiaque meridien, & tirer les lignes, & les marquer de leurs caracteres, comme dessus a esté dit. Le tout est demonstré par les deux figures suyuantes, demonstrants, l'vne, la maniere de fabriquer ladite horloge, & l'autre, l'horloge carree ou quadrangulaire.

Figure demonstrant la description
de l'horloge quadrangulaire.

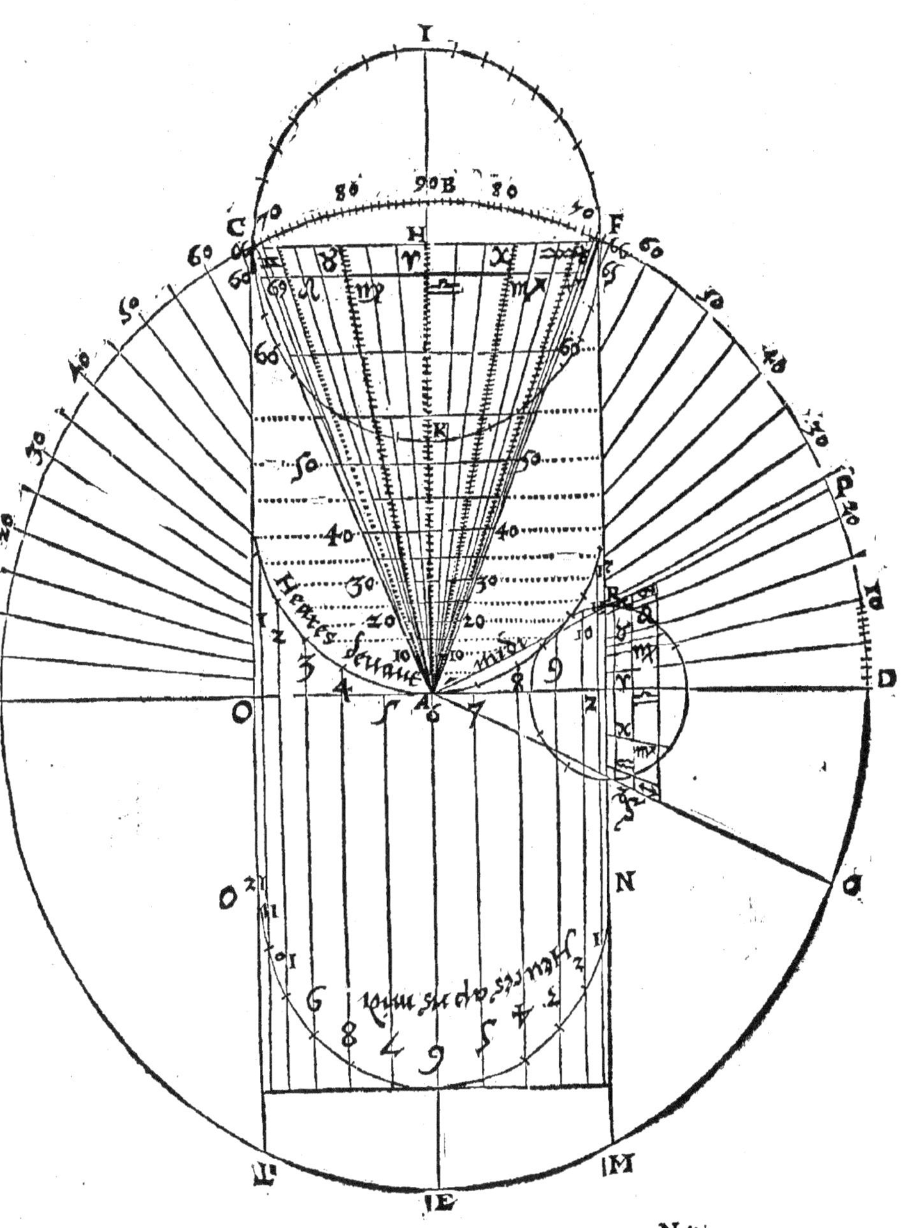

EN apres, faut faire le bracelet, ou curſoire:lequel ſoit de cuiure ou laton ou autre metal, lequel ſoit de deux ou de trois
pieces clouees & riuees l'vne au bout de l'autre,en ſorte qu'ils ſe
puiſſent ouurir & fermer comme vn compas, & qu'il puiſſe tenir ouuert,ferme & ſtable ſur le poinſt ou l'on le mettra,& doit
eſtre ledit bracelet ou curſoire attaché à l'extremité de ladite
horloge, comme à poinſt H, contre la ligne ſuperieure du zo-
piaque & eſchelle de hauteur auec vn clou : en ſorte que l'on le
puiſſe mouuoir & mener de toutes parts pour le mettre ſur le
degré de la hauteur du pole de la region ou lon eſt,au bout duquel curſoire faut auoir vn petit pertuis,ou ſera attaché vn filet,
auquel filet faut mettre vne petite perle, qui ſoit percee pour y
paſſer le filet, & que ladite perle puiſſe tenir iuſtement au filet,
tellement qu'elle puiſſe demeurer audit filet, au lieu ou l'on la
menera,& au deffaut d'vne perle,on y peut mettre vne teſte d'eſ
pingle,ou y faire vn petit neud de filet qui puiſſe auſsi eſtre de-
mené d'vne part & d'autre,le long dudit filet, pour demõſtrer
l'heure.Et qui voudra,lon y peut mettre & attacher vn fil de fer
ou laton,ou autre choſe ſemblable ſur la ligne ou poinſt de la
hauteur du pole, à chacun bout de la ligne d'icelle hauteur de
pole,& l'endroit du ſigne,& ſoit mis par telle façon qu'vn filet
eſtant attaché à neud coulant puiſſe eſtre mené d'vne part &
d'autre , pour l'addreſſer & faire tenir ſur le degré du ſigne ou
eſt alors le ſoleil.Pareillement,faut au bout du filet mettre & at
tacher vn perpendicule,de plomb,cuiure,ou autre matiere ſem
blable pour donner peſanteur au filet à ce qu'il puiſſe pendre
droiſt & ferme,à fin de demonſtrer plus iuſtement(auec la perle) l'heure que l'on veut congnoiſtre, finablement, faut faire &
appliquer (à ladite horloge) deux pinules percees aux deux co-
ſtez d'icelle horloge, diametralement oppoſites l'vne à l'autre,
pour(le Soleil luiſant) receuoir les rayons d'iceluy, & ſera l'horloge faite & fabriquee,la demõſtratiõ (de laquelle) ſe peut voir
par la figure ſuiuante.

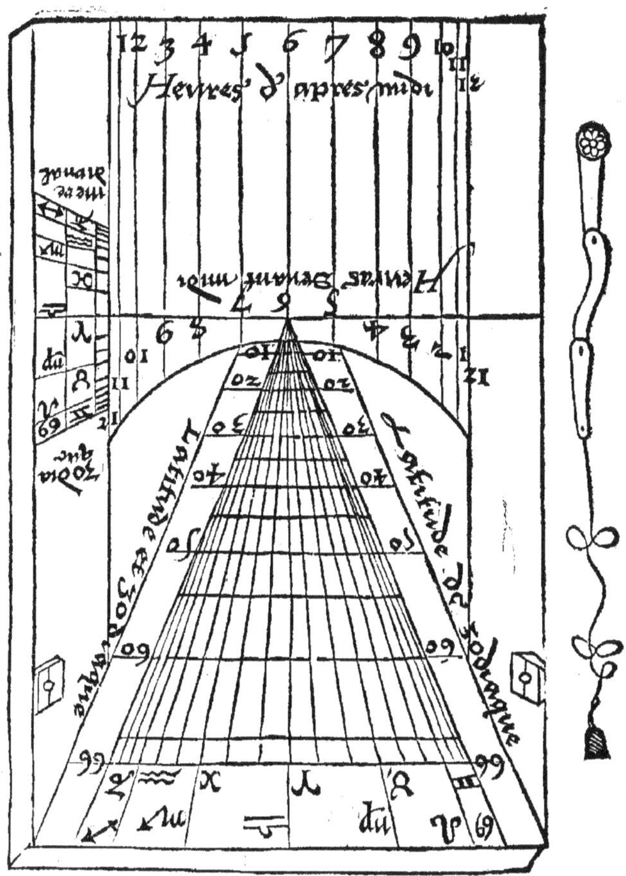

L'vſage de ladite horloge eſt telle, ſoit addreſſé & mis le bout
du curſoire (auquel eſt le filet) ſur le degré du ſigne (au zodiaque des regions)à l'endroit du degré de la hauteur du pole, deſcrit en l'eſchelle de hauteur, & puis tendant le filet, faut addreſſer la perle ſur le ſigne(ou degré du ſigne) auquel eſt le ſoleil ce
iour, ſur le zodiaque du meridien . Puis tournant le coſté ſeneſtre de l'horloge vers le ſoleil, faut hauſſer ou abaiſſer ladite hor
loge tant que le ray du ſoleil trauerſe & reſponde d'vne pinule
en l'autre, & faut regarder, ſur quelle ligne ou eſpace des heures
le filet pédant à plōb, eſt la perle ou neud, car l'heure (ou partie
de l'heure)ſur laquelle ſera la perle ou neud, ſera l'heure que lon
demande, ou deſire ſçauoir, ſoit deuant ou apres midy.

N. iij.

DESCRIPTION ET FABRICATION D'VNE
autre horloge generale, conforme à la defcription
precedente. Chap. XXIII.

LA defcription de l'horloge fuiuante eft conforme à la deuãt dite, finon qu'en cefte defcription l'horloge ou inftrument eft fait de deux pieces, en l'vne defquelles pieces, affauoir la plus grãde (qui eft quafi comme la mere de l'aftrolabe) eft defcrit feulement l'efchelle de hauteur, & la ligne de l'horizon. Et l'autre piece fe met & applique fur la premiere, & eft attachee fur le cétre d'icelle, en forte qu'elle puiffe eftre demenee & tournee d'vne part & d'autre, en laquelle font defcrites les heures tant de deuant que d'apres midi, & aufsi le zodiaque meridien, à la dextre d'icelle table ioignant la ligne de 12 heures du midi. Et femblablement de l'autre part & à l'oppofite fera defcrit (fur le bord d'icelle table) vn autre zodiaque, qui fera nommé le zodiaque de l'horizõ, parce que le degré du figne (ou eft le foleil) fe doit mettre (par iceluy zodiaque) fur la ligne de l'horizõ. Pareillemét en cefte table l'on peult defcrire, fi l'on veut, les arcs des heures inegales, & aufsi le quart (defcrit pour prendre les hauteurs) diuifé en 90 parties egales: enfemble, le carré geometrique, autrement dit l'efchelle altimetre, fi bõ femble au fabricateur. De laquelle horloge & inftrument la fabrication eft telle. Premieremét foit fait vn cercle comme en la precedéte, qui foit party en 4 quarts par deux diametres, B, D, & C, E, duquel le centre foit A, & foit le quart E, B, diuifé en 90 parties egales, à cómécer au poinct E. Ce fait faut cóter, depuis le poinct B, tirant vers E, la plus grãde declinatió du foleil, qui eft 23 degr. 30 minut. & ou finera le nóbre foit marqué le poinct F: puis, auec le cópas, foit pris la diftáce B, F, & la tranfporte de l'autre part du poinct B, & foit fait le poinct G, & le cópas ouuert à telle diftance, foit mis vn pied au poinct D, & auec l'autre pied foit fait (d'vne part & d'autre dudit poinct D (les poincts H, & I, affauoir le poinct H, refpondát au poinct G, & le poinct I, au poinct F, puis foit tiré des lig. droites du poinct G, au poinct H, & du poinct F, au poinct I, laquel-

le lig.F,I,fera la ligne de 12 heures(meridienne)& la ligne G,H,
la ligne de 12 heures de nuit,& icelles lignes paralleles au diame
tre B,D.Ce fait,foit mis la reigle au cêtre A,& fur chacune diuifion du quart E,B,& ou ladite reigle attouchera la ligne F,I,foit
fait des marques ainfi que deuãt a efté dit au precedêt chapitre.
Et pour exemple auons parti ladite quarte E, B, en 18 parties e-
gales,contenant chacune cinq degrez. Et ayant tiré tous lefdits
poincts & marquez en ladite ligne F,I, faut tranfporter leurs di
ftáces en la ligne G, H. Ce fait, faut tirer des lignes occultes ou
obfcures par iceux poincts de la ligne G,H,à la ligne F,I, cóme
en l'horloge precedente, lefquelles lignes foyent paralleles au
diametre C,E,qui eft la ligne de l'horizon. Et ayant ainfi tiré &
marqué les lignes de hauteur,les faut tirer & marquer le lóg de
la ligne du demi diametre A,B, qui fera l'efchelle de hauteur,&
y faut defcrire à chacun fon nóbre requis,& fera la table,ou mere,de ladite horloge faite & fabriquee. Cófequemmêt faut defcrire l'autre table:premierement foit mis vn pied du compas au
centre A, & l'autre pied eftendu fur le demi diametre A, E, au
poinct ou ledit demi diametre croife la ligne de 12 heures du mi
di,& felon l'ouuerture du cópas foit defcrit le cercle des heures,
qui fera diuifé en 24 parties egales, & mettant la reigle fur deux
defdites diuifions foit tiré les lignes des heures,paralleles à la ligne du diametre B,D,& à icelles lignes des heures defcrire leur
nombre,tant de deuant que d'apres midi, ainfi cóme en l'horlo
ge precedente.Finablemêt faut defcrire les zodiaques ainfi que
f'enfuit. Soit conté d'vne part & d'autre des poincts C,E, la plus
grande declination du foleil, & ou le nombre fine foit marqué
les poincts P, O, & Q. R, ou autrement : foit pris, auec le compas, la diftance B, F, & mettant vn pied du cópas fur le poinct
E, & fur le poinct C, faut auec l'autre pied marquer lefdits
poincts O, & P, & les poincts Q. & R. Puis foit tiré des lignes
droites du centre A, aufdits poincts O, P, Q. & R, & ou lefdites lignes attoucheront la ligne F, I, foit fait & marqué les
poincts S, T. Et en l'efpace defdits poincts S, T, faut defcrire

le zodiaque meridien, comme a esté dit au chapitre precedent,
en l'horloge quadrangulaire, & pareillement faut defcrire le zo
diaque de l'horizon d'vne part & d'autre du poinct C, felon l'e-
fpace des poincts Q, & R, aufquels feront tiré des lignes du cen
tre A, & ou lefdites lignes attoucheront le bord (de ladite table)
foit marqué les poincts V, X, & en l'efpace defdits poincts V, &
X, foit defcrit ledit zodiaque de l'horizon par la maniere deuãt
dite. L'on peut defcrire lefdits deux zodiaques : tout d'vne ve-
nue, en tirãt les paralleles de l'vn fans mouuoir la reigle, tirer les
paralleles de l'autre. Et faut entendre que la ligne de l'horizon
eft la ligne de l'equinoctial, & commécement d'Aries & Libra,
& la ligne A, S, (du zodiaque meridien) eft le tropique de cãcer,
& la ligne A, T, le tropique de Capricorne, & (au zodiaque de
l'horizon) la ligne A, X, eft le tropique de cancer, & la ligne A,
V, le tropique de capricorne, & confequemment faut marquer
les paralleles (ou lignes) des fignes, chacun felon fon ordre, en y
defcriuant leurs caracteres. Semblablement, qui voudra en icel
le horloge defcrire les arcs des heures inegales , faut diuifer le
quart D, E, en la tablette (en 6, parties egales, & foit mis vn pied
du compas en la ligne de l'horizon, & auec l'autre pied foit tiré
lefdits arcs de chacun poinct, de la diuifion à cétre A, ainfi que
s'enfuit, diuife le quart D, E, de la tablette en 90, parties egales
ou degrez, que faut departir en 6, parties & chacune partie contiendra 15, degrez. Ce fait foit mis vn pied du cõpas fur la ligne
de l'horizon, en la partie A, E, & l'autre pied fur le poinct de 15,
degrez, & foit tiré vn arc, refpondant au centre A. Puis mettant
vn pied du cõpas fur la mefme ligne A, E, & l'autre fur le poinct
de 30, degrez, faut aufsi tirer vn arc aufsi refpõdãt au cétre A, finablement faut tirer les autres arcs des poincts de 45, 60, 75, &
90, degrez tous refpondans audit centre A. Ce fait faut defcrire
le nombre defdites heures inegales fuiuant leur ordre affauoir
fur la ligne du demi diametre A, D, foit defcrit 12, car là cómence la premiere heure & fine la douziefme, fur le premier arc fuiuant faut defcrire 1, car là fine la premiere heure , & commence

la

la feconde fur l'autre arc enfuyuãt 2, car là fine la feconde heure & commence la troifiefme, & ainfi enfuyuant iufques au dernier & fixieme arc (dit l'arc de midi) auquel faut defcrire 6, car audit arc fine la fixieme heure & commêce la feptieme, puis retournant faut defcrire 7 fur le cinquieme arc, puis fur l'autre en fuyuant 8, puis en apres 9, & finablement 10 & 11, qui eft au premier arc, car là fine l'vnzieme heure & commêce la douzieme. Semblablement, faut faire vn curfoire (ou bracelet) qui foit de deux ou trois pieces cloüees (à clous riuez) l'vne au bout de l'autre, au bout duquel faut attacher vn filet auquel faut mettre vne petite perle pertuifee ou vne tefte defpingle ou autre chofe femblable que l'ó puiffe mener & couler le long dudit filet, & qu'elle demeure ferme au lieu ou l'on la menera. Et aufsi faut mettre (en la tablette de deffus) deux pinules percees, aux deux coftez d'icelle tablette, & diametralement oppofites l'vne à l'autre, le tout ainfi que a efté dit de l'horloge carree ou quadrangulaire. Et par ainfi fera ledit horloge (ou inftrument) fait, comme il appert par les figures enfuyuantes.

O.j.

Figure demonstrant le trait & fabrication de ladite horloge.

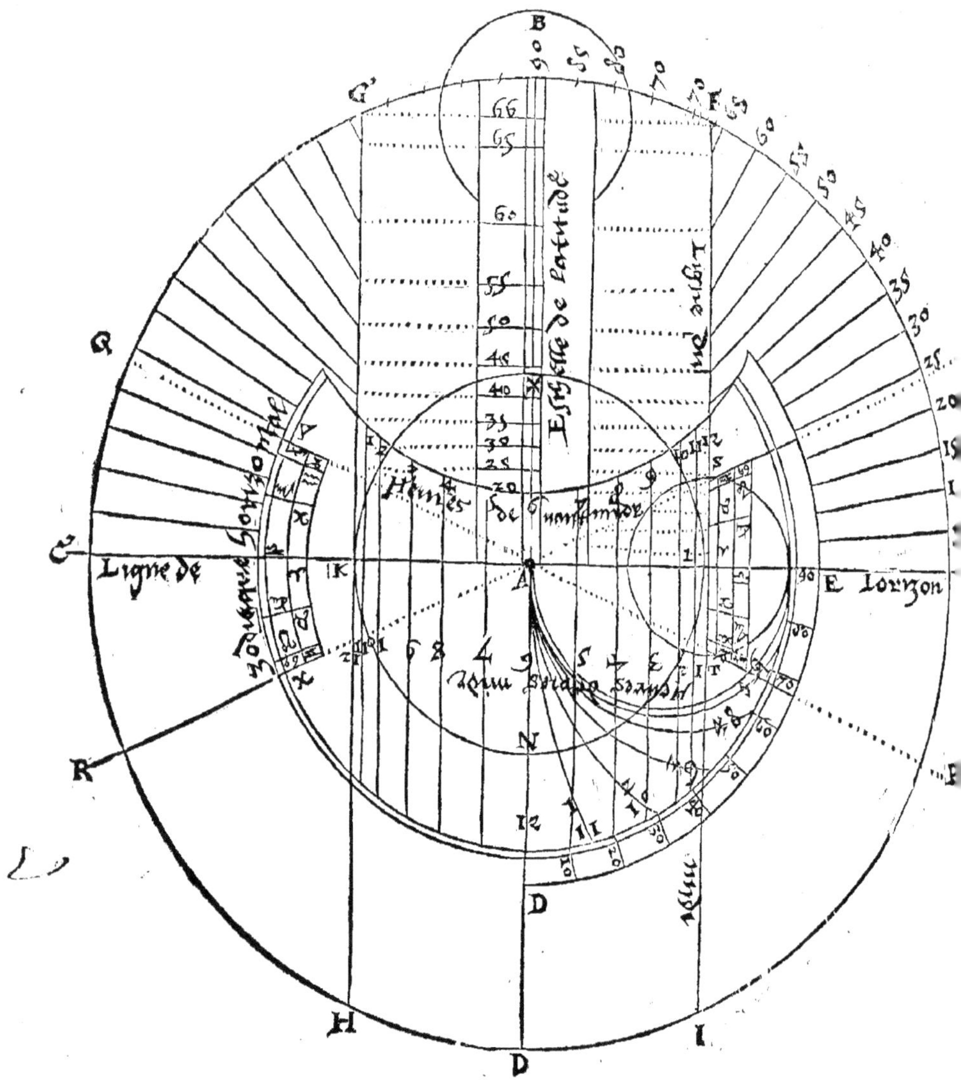

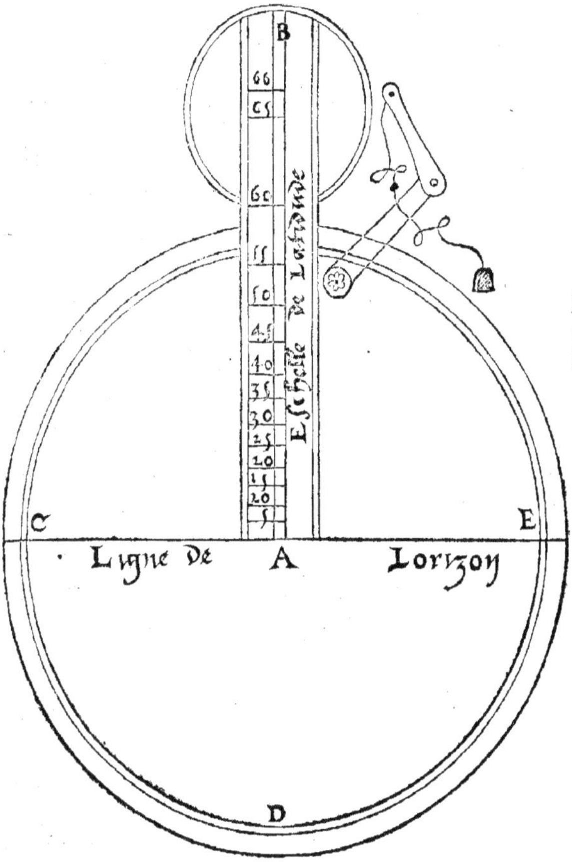

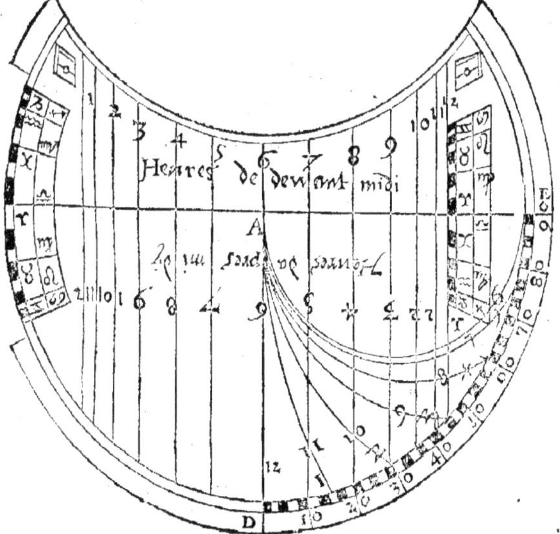

Figure de la premiere
table (ou mere) dudit
instrumét & horloge.

Figure de la tablette
qui se doit mettre &
poser sur la mere de
l'instrument, & atta-
ché auec vn cloud rōd
au centre A.

Reſte maintenant à dire l'vſage dudit inſtrument qui eſt telle. Premierement, pour ſçauoir l'heure vſuelle & egale, faut met
tre & adreſſer le bout du bracelet ſur la ligne du demy diametre
A,B,(de la mere) en l'eſchele d'altitude ou hauteur, ſur le degré
de l'eleuation du pole de la region, & qu'il demeure ainſi ſur ledit point ou degré. Ce fait, faut adreſſer le degré du ſoleil (ou
du ſigne auquel eſt le ſoleil) ſur la ligne de l'horizon, en hauſſant
ou abaiſſant le zodiaque de l'horizõ, tant que le degré du ſigne
ſoit ſur ladite ligne de l'horizon au point E, (en la mere de ladite horloge.) Et demourant ainſi la tablette, faut adreſſer le filet
au zodiaque meridien, faiſant couler la perle (ou neud) ſur ledit
filet, & l'adreſſer ſur le degré du ſigne, auquel eſt le ſoleil, & ſur
la ligne de 12. heures, ou midi, & que la perle demeure ferme en
iceluy endroit du filet, & ſans varier la tablette, ne le bracelet
ne la perle, tourne le coſté ſeneſtre de ton horloge, ou inſtrument, vers le ſoleil, & auec les mains hauſſe ou abaiſſe ledit inſtrument, tant que le ray du ſoleil paruienne d'vne priuee à l'au
tre par les pertuis d'icelles. Et l'endroit ou ſera la perle (ſoit ſur
les lignes des heures, ou l'eſpace d'icelles) demonſtrera l'heure,
ſoit deuant ou apres midi, qui ſe peut aſſez cognoiſtre, car ſi la
perle aproche vers la ligne du midi, faut iuger eſtre deuãt midi,
& au cõtraire, ſi la perle recule de ladite ligne de midi, & appro-
che la ligne de minuit, faut iuger eſtre apres midi, & parainſi l'õ
pourra facillement cognoiſtre l'heure, ſoit deuãt ou apres midi.

    Pour cognoiſtre & ſçauoir le leuer & coucher du ſoleil, c'eſt
à quelle heure le ſoleil monte ſur noſtre horizon, & ſemblablement à quelle heure il retourne ſur ledit horizon. Soit mis le
bout du bracelet, auquel eſt le filet, ſur le degré de l'eleuation
du pole, ou latitude. Et le degré du ſigne, auquel eſt le ſoleil, du
zodiaque de l'horizon, ſur la lig. de l'horizon (de la mere de l'inſtrument) & demourant l'inſtrument ainſi ferme, le faut eſleuer
ou abaiſſer tant que le filet pende perpédiculaire le long des lignes des heures ou entre icelles, en ſorte que le filet ſoit parallele, & egalement diſtant deſdites lignes des heures, & l'heure ou

partie d'icelle ou toubera le filet, demõftrera l'heure du leuer &
coucher du foleil:comme pour exemple. Si le filet tombe iuftement fur & le long de la ligne de 4 heures, dirons le foleil leuer
à 4 heures & coucher à 8. & s'il tombe fur la ligne de 5 heures,di
rons le foleil leuer à 5 heures, & coucher à 7 heures : car la ligne
de l'heure demonftre le leuer du foleil par l'heure de deuant mi
di, & le coucher d'iceluy, par les heures d'apres midi.

Pour cognoiftre la quantité du iour artificiel, le filet eftant
(comme dit eft cy deffus) perpendiculaire & parallele egalemét
diftant aufdites lignes des heures, faut conter depuis le lieu ou
eft ledit filet les heures & parties d'icelles iufques à la ligne de
12 heures meridienne, & tant d'heures feront la quantité de la
moitié du iour artificiel, c'eft depuis foleil leuát iufques à midi,
laquelle faut doubler & l'on aura la quantité du iour artificiel,
c'eft le temps que le foleil demeure fur noftre horizon . Et femblablement en contant depuis le lieu du filet iufques à la ligne
de 12 heures de nuit, l'on aura aufsi la moitié de la quantité de la
nuit,que faut femblablement doubler & l'on aura la quátité de
la nuit, c'eft le temps que le foleil demeure fous noftre horizon.
Ou fachant la quantité du iour la faut leuer de 24 heures reftera
la quantité de la nuit.   Pour (par ladit inftrument)prendre ou
fçauoir la hauteur du foleil fur noftre horizon, faut appliquer
l'inftrumét en forte que les diametres & lignes de l'horizon tant
de la mere que de la tablette foyent droitement l'vn à l'endroit
de l'autre.Et le bout du bracelet auquel tient le filet, foit mis fur
le centre A, dudit inftrument, & demourant ainfi ledit inftrument, foit tourné le cofté feneftre vers le foleil, & foit efleué ou
abaiffé tát que le ray du foleil paffe par les deux pertuis des deux
pinules. Et le degré fur lequel le filet pend au quart de hauteur
D, E, eft le degré de la hauteur du foleil, car tant de degrez fera le foleil efleué au deffus de l'horizon.

Pour cognoiftre, par ledit inftrument, l'heure inegale, la ligne de l'equinoctial,ou commécement d'Aries & Libra adref-
fee fur la ligne de l'horizó de la mere au poinct C, & le bout du

bracelet(auquel eſt le filet)au centre A. Et le filet tiré & mis ſur
le degré de la hauteur meridienne du ſoleil pour le iour ou ſaiſon, faut adreſſer la perle ſur l'arc ou fine la ſixieme heure inegale & cómence la ſeptieme, & la perle eſtant la adreſſee y peut
demourer & ſeruir pour deux ou trois iours. Ce fait faut eſleuer
ou abaiſſer l'inſtrument (le coſté ſeneſtre vers le ſoleil) tant que
le ray du ſoleil trauerſe par les pertuis des deux pinules. Et le
poinct ou la perle tombera(entre les arcs deſdites heures inegales)demóſtrera l'heure inegale que l'on demáde,& qui eſt alors.

DESCRIPTION ET FABRICATION
d'vne autre horloge & inſtrument generale &
vniuerſelle. Chap. XXIIII.

POur deſcrire la preſente horloge & inſtrument general &
vniuerſel, faut (en quelque ſuperfice plaine & ronde ou cir-
culaire) deſcrire & faire vn cercle, dont le centre ſoit A, lequel
ſoit departy en quatre quarts,par deux diametres B, D, & C, E,
interſequant & croiſant l'vn l'autre à angles droits au centre A,
deſquels le diametre C, E, repreſentera le zenit & ligne perpendiculaire. Et le diametre B, D, repreſente la ligne de l'horizon.
Et la quarte (ou quart)C, B, ſera appellé le quart de hauteur,le-
quel faut departir en 90 parties egales(ou degrez)commençant
au poinct C,tirant vers le poinct B. Semblablemét,qui voudra,
l'on pourra departir les autres quarts chacun en 90 degrez, en
commençant à conter le nombre des degrez de chacun quart
aux poincts C,E,tirant vers les poincts de B,& D,ou ſe termine
le nombre de 90 de chacun quart, en diuiſant chacun quart en
9 parties egales, dont chacune d'icelle partie cótient 10 degrez,
leſquelles eſpaces de 10 degrez faut departir en 5 parties egales,
& chacune d'icelles contiendra ou vaudra 2 degrez, que auons
marqué au cétre ceſt inſtrumét au limbe & cercle ſuperieur, aſſauoir l'vn de noir & l'autre de blanc, & hors le limbe dudit inſtrument ſur la ligne perpédiculaire du zenit, faut faire comme

vne petite armile(ou poignee)pour suspendre ledit instrument.
Et sera la premiere table aprestee, laquelle se peult appeller me-
re(comme celle de l'instrument cy deuant descrit au precedent
chapitre) & sur laquelle se doit mettre & poser la table & triangle cy apres descrits,toutesfois nous la nommerons icy le meridien fixe,de laquelle table du meridien fixe ensuit la figure.

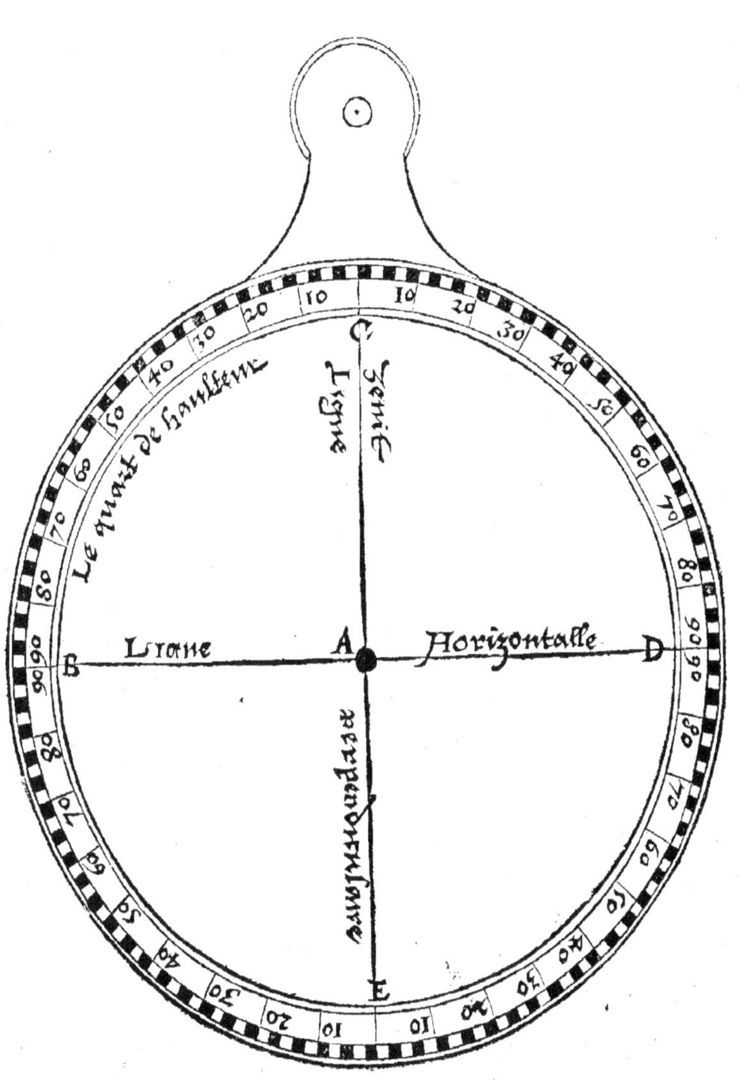

Ayant dócques fabriqué & defcrit le meridien fixe faut defcrire l'autre table que nommerons le meridien mobile. Premierement faut faire vn cercle fur vne autre tablette tendre, lequel
foit F, G, H, I, & le centre foit A, duquel cercle la circonference
foit egale à la circonference inferieure du meridien fixe, & foit
diuifé en quatre quarts par deux diametres F, H, & G, I, defquels le diametre F, H, reprefente l'equateur ou ligne de l'equinoctial, & le diametre G, I, l'axe du móde, deffignant au poinct
G, le pole artique, & au poinct I, le pole antartique. Outre lefquels poincts des poles, fera fait à chacun vn indice de lógueur
fuffifante pour attoucher au limbe & bord du meridien fixe. Et
faut efcrire au poinct G, le pole artique, & au poinct I, le pole an
tartique. Puis foit defcrit vn autre cercle diftant du premier en-
uiron la feptieme partie du demi diametre d'iceluy, lequel fera
nommé le cercle meridien, lequel faut diuifer en quatre parties
egales par deux diametres affauoir le vertical ou axe du monde
que en ce dernier cercle fera figné L, N, & l'equateur, ou equinoctial, fera figné K, M. Ce fait faut defcrire le zodiaque ainfi
que s'enfuit. Soit diuifé le quart K, L, en 90 parties egales, & foit
conté (du poinct K, vers le poinct L) la plus grande declination
du foleil, cóme a efté fait és horloges & inftrumens precedents:
& ou finera le nombre de ladite declination, foit fait la marque
O, & auec le compas, foit pris la diftance K, O, & icelle tráfpor
ter de l'autre part du poinct K, & foit noté P: & fans varier le cópas faut tranfporter icelle diftance de l'autre part du diametre
equateur, en mettant vn pied du cópas au poinct M, & auec l'au
tre pied foit fait au cercle meridié les poincts Q. & R. Et foit tiré
des lignes droites du poinct O, au poinct Q. & du poinct P, au
poinct R, qui foyent paralleles à la ligne de l'equateur. Ce fait,
foit tiré vne ligne du poinct O, au poinct P, & vne autre ligne
du poinct Q. au poinct R. Et ou lefdites lignes coupent & croifent la ligne de l'equateur foit fait les poincts S, T, affauoir le
poinct S, fur la ligne Q. & R, & le poinct T, fur la lig. O, P. Puis
foit mis vn pied du compas au poinct S, & l'autre fur le poinct

Q,

Q , ou R, & felon l'ouuerture du compas foit defcrit vn cercle
obfcur. Et femblablement (de l'autre part) mettant vn pied du
cópas au poinct T, foit defcrit vn pareil cercle. Par lefquels deux
cercles foit diuifé & defcrit le zodiaque par la maniere cy deuãt
defcrite, tant au chapitre traitãt de la defcription du triãgle du
zodiaque, que au traité des deux dernieres horloges & inftrumens des chapitres precedens. Et ayãt defcrit le zodiaque & tiré les lignes paralleles des fignes d'vn poinct à autre (qui foyent
paralleles & egalement diftantes de la ligne de l'equateur) faut
defcrire & marquer lefdits fignes de leurs caracteres chacun en
fon endroit, & efcrire les fignes feptentrionnals de la partie du
pole artique, & les fignes meridionnals de la part du pole antar
tique: affauoir le tropique de Cancer en la ligne O, Q. & le tropique de Capricorne en la ligne P, R. Et faut entendre que la ligne de l'equateur eft le cómencement d'Aries & Libra, & les au
tres fignes fuiuant leur ordre. Ce fait faut defcrire les heures par
la maniere qui enfuit. Soit diuifé le cercle meridien K, L, M, N,
en 24 parties egales, & mettãt la reigle fur deux poincts d'icelle
diuifion de mefme diftance, & plus prochains de la ligne de l'a-
xe, & ou ladite reigle croife & coupe la lig. de l'equinoctial foit
fait vn poinct ou marque, puis foit mis la reigle fur deux autres
poincts de ladite diuifion les plus prochains enfuyuans, & foit
marqué la fection de la regle à la ligne de l'equateur, & femblablement faut mettre la reigle fur deux autres poincts prochains
enfuyuans, & marquer la fection de la reigle & de la ligne de l'e
quateur, & ainfi faire de tous les autres poincts. Finablemét faut
tirer les arcs des heures depuis vn pole iufques à l'autre, paffant
par chacun poinct marqué en ladite ligne de l'equateur, & lefdits arcs s'afsëblent aufdits poles en la ligne de l'axe aux poincts
L, & N, & faut entendre que lefdits arcs des heures fe doiuét tirer, apparãt, depuis vn tropique iufques à l'autre, pour en iceluy
demõftrer les heures, le nombre defquelles heures faut defcrire
affauoir les heures deuant midi commençant à la partie dextre
tirant vers la partie feneftre, fçauoir au cercle meridien ou font

12 heures de nuict, & continuer leur nôbre depuis 1 iusques à 12,
qui aussi se termine au cercle meridien, à la partie senestre, que
auons descrite en cest instrument en la partie meridionale. Et
les heures d'apres midi commencent audit cercle meridien en
la partie senestre & finissent audit cercle meridien en la partie
dextre, descrites en cest instrument en la partie septentrionale:
comme il appert par ceste figure.

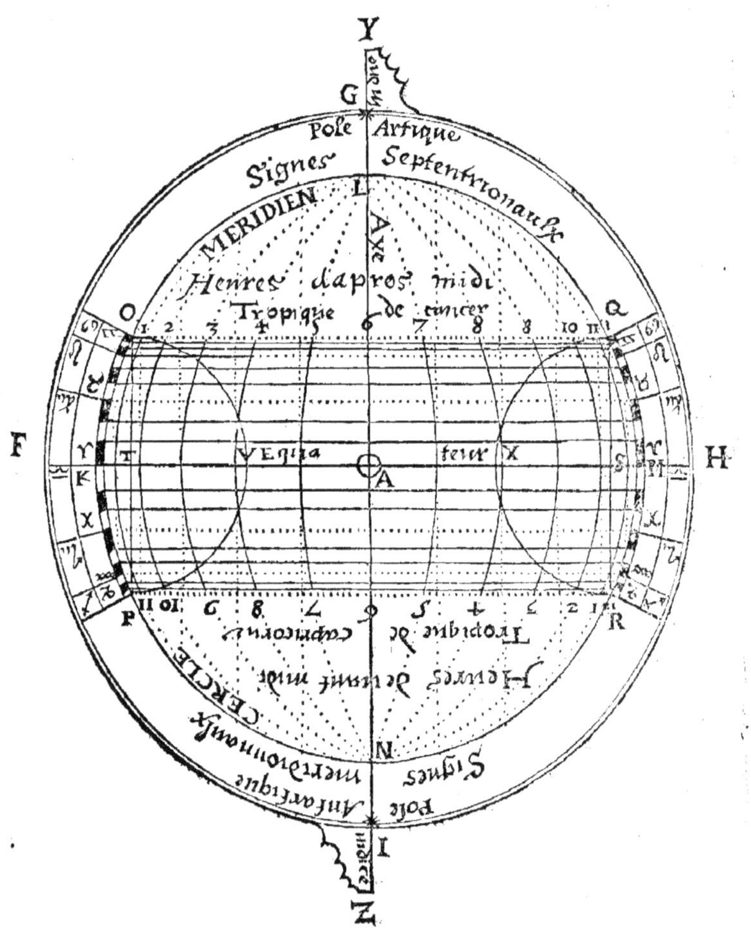

En apres faut faire vn triangle qui sera côioinct audit instrument, duquel la catheuse & la basse s'assemblent à angles droits
au centre A, ou soit fait vn petit rond, & sur la basse dudit triangle soit mis deux pinules droites, egalement percees pour rece-

uoir les rais du foleil. Ce fait foit pris auec le compas, la diftance
du demy diametre du cercle K, L, M, N, & le compas ainfi ouuert foit mis vn pied au poinct & cêtre A (du triangle) & l'autre
fur la ligne de catheufe, qui eft la ligne defcendente perpêdicu-
laire dudit triangle: & ou le côpas attouche ladite ligne foit fait
vn petit neud rôd ou foit vn petit pertuis pour y mettre vn filet,
auquel filet foit attaché & mis vn perpendicle de plomb ou autre matiere folide, duquel triangle les deux bouts ou pointes
foyent de telle longueur qu'eftant (ledit triangle) fur le meridien mobile les extremitez (ou pointes dudit triãgle) attouchêt
ou paruiennêt iufques au cercle fuperieur du meridien fixe dudit inftrument, duquel triangle enfuit la figure.

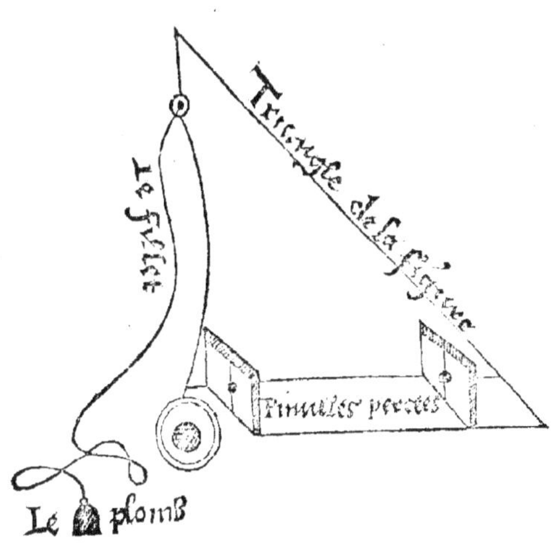

Finablement faut que au centre A, tant du meridien fixe,
que du meridien mobile, & du triangle foit fait vn pertuis, auquel faut mettre vn cloud pour tenir les trois pieces enfemble,
affauoir le meridien mobile fur le meridien fixe, & fur ledit meridien mobile, ledit triangle par telle maniere que ledit meridien mobile aufsi ledit triangle, fe puiffent mouuoir & tourner
d'vne part & d'autre, pour les mettre & dreffer ou l'on en aura
affaire pour l'vfage dudit inftrument.

P. ij.

Apres auoir declairé & traité de la fabrication dudit inſtrument & horloge, maintenant parlerons de l'vſage d'iceluy qui eſt telle. Pour ſçauoir & cognoiſtre l'heure egale du iour, faut mettre l'indice (du pole artique du meridien mobile) ſur le degré de la latitude ou eleuation du pole, (de la region ou l'on eſt) au quart de hauteur du meridien fixe, & que ledit meridien mo bile demeure ainſi ſur ledit poinct de l'eleuation du pole. Puis faut preſenter le coſté dextre dudit inſtrument vers le ſoleil, & ſoit le triãgle eſleué ou abaiſſé tant que les rays du ſoleil trauerſent par dedans les pertuis des pinules, iuſtement reſpondant d'vn pertuis d'vne pinule en l'autre, & la ſection du filet ſur la ligne & parallele du ſigne auquel eſt le ſoleil demonſtre l'heure, comme ſi le filet croiſe le tropique de Cancer ſur le poinct de 2, ou de trois heures, dirons eſtre 2 ou 3 heures apres midi, & s'il eſt entre leſdits deux poincts, il ſera entre deux & trois heures, & ainſi faut entendre des autres heures.

Pour ſçauoir la hauteur du pole par ledit inſtrumēt, faut ſçauoir en quel ſigne & degré d'iceluy eſt le ſoleil. Faut auſſi prendre la hauteur du ſoleil à celle heure, ayant l'heure par vne horloge iuſte pour lhabitation & demourãt l'indice du triangle ſur le degré de la hauteur du ſoleil deuant priſe, ſoit tourné la roüe & table du meridien mobile tellemēt que le poinct de la ſectió du ſigne & de l'heure qui a eſté priſe ſoit iuſtemēt à l'endroit du filet pendant à blõb, & l'indice (de la roüe ou table) du meridien mobile, demonſtrera (au quart de hauteur du meridien fixe) la hauteur ou eleuation du pole pour ladite habitation.

Pour prendre la hauteur du ſoleil ſur l'horizõ, faut tenir ledit inſtrument en la main, perpendiculaire à plomb : & ſoit eſleué ou abaiſſé le triangle dudit inſtrument, tant que le ray du ſoleil trauerſe par les pertuis des pinules, lors l'indice dudit triãgle demõſtrera le nõbre des degrez que le ſoleil eſt eſleué ſur l'horizõ.

Pour cognoiſtre le leuer ou coucher du ſoleil pour quelque region que ce ſoit, faut mettre l'indice de la table du meridien mobile ſur le degré de l'eleuation du pole (de l'habitation) au quart de hauteur du meridien fixe. Puis soit tourné le triangle, tant que le filet soit au poinct vertical dudit meridié fixe, & soit perpédiculaire le long de la ligne verticale, c'est que le filet soit sur la ligne du diametre vertical C, E, assauoir vers le poinct C, & demeurant le filet le long de ladite ligne perpendiculaire, & l'indice de la roüe du meridien mobile sur le degré de l'eleuatió du pole, faut regarder le poinct de la section du parallele & degré du signe (auquel est le soleil) & du filet, & iceluy est le poinct de l'heure du leuer & coucher du soleil, assauoir le leuer par les heures de deuãt midi, & le coucher par les heures d'apres midi.

Pour sçauoir la quantité du iour artificiel, ayant marqué le poinct du leuer & coucher du soleil, faut conter d'iceluy poinct iusqu'au cercle meridien, les heures qui sont en l'espace d'iceluy poinct, & de l'heure de 12 heures, & l'ó aura la moitié de la quãtité du iour: & pareillement faut conter depuis ladite heure ou poinct de 12 heures, iusques audit poinct du coucher du soleil, & l'on aura l'autre moitié dudit iour, que adiouftant ensemble l'on aura ladite quantité du iour artificiel que lon demande, laquelle si elle est leue de 24 heures (qui est le iour naturel) le reste sera la quantité de la nuit.

Pour sçauoir la hauteur du soleil sur l'horizó à chacune heure du iour sans le ray d'iceluy, faut mettre l'indice de la table (ou roüe) du meridien mobile, sur le degré de l'eleuation du pole, de l'habitatió (pour laquelle l'on veult sçauoir la hauteur du soleil) au quart de hauteur du meridien fixe. Et demourant ainsi ladite table, faut esleuer ou abaisser le triangle tant que le filet tóbe sur le poinct de la sectió du parallele & ligne du degré du signe auquel est le soleil, & de l'heure à laquelle l'on veult sçauoir la hauteur du soleil. Et l'indice du triãgle demóstrera (audit quart de hauteur) les degrez de la hauteur du soleil sur l'horizon en icelle heure, combien que le soleil ne luise point.

DESCRIPTION D'VNE HORLOGE PAR
laquelle (auec les rays de la Lune) l'on pourra cognoiſtre les
heures de nuit.　　　　Chap.　X X V.

POurce que pluſieurs ſe delectent à cognoiſtre les heures de
nuit, nous auós bien voulu deſcrire vne horloge, par laquelle l'on peut cognoiſtre l'heure de nuict par les rays de la lune, laquelle auſsi pourra ſeruir de iour à cognoiſtre les heures par les
rays du ſoleil, & le peult on faire portatif en la maniere des horloges à eſguille aimãtee, que nous appellons cadrans, autremét
compas : & auſsi eſt ladite horloge equinoctiale & generale, laquelle ſe fait en ceſte maniere.　Soit fait, en quelque ſuperfice
plaine, vn cercle qui ſoit A, B, C, D, duquel le centre ſoit E, lequel cercle ſera pour l'horloge equinoctiale : & ſoit iceluy cercle diuiſé en 24 parties egales, pour la diſtribution des heures,
ainſi qu'à eſté dit cy deuant au neufieme chapitre traitant de
l'horloge equinoctiale. Et dãs iceluy cercle ſoit deſcrit vn autre
cercle qui ſoit concétrique audit cercle A, B, C, D, dans l'eſpace
duquel l'on puiſſe deſcrire le mois lunaire (c'eſt la reuolution
que la lune fait en vn mois) qui eſt de 29 iours 13 heures ſelon au
cuns : les autres le departent en 29 iours 8 heures 6 minutes, &
les autres en 28 iours 6 heures, & quelques parties d'heure, toutesfois le diuiſerons en 29 parties egales, auec la moitié de l'vne
d'icelles parties, comméçant à conter au poinct de ſeptentrion
noté A, paſſant par le poinct d'occident marqué D, tirant au
poinct C, du midi, & auſsi par le poinct B, d'orient, retournant
& finiſſant audit poinct A, de ſeptentrion, le reſte de l'eſpace du
cercle & orbe, ſoit ſeparé en telle ſorte que au dedans dudit cercle lunaire ſoit concaué, qu'on y puiſſe mettre & adiouſter vn
autre cercle ou orbe, que l'on puiſſe librement faire tourner d'v-
ne part & d'autre. Auquel cercle mobile qui ſera K, L, ainſi ſeparé du grand cercle, faut deſcrire de rechef 24 interualles, & eſpaces d'heures, deputez pour la lune, & ſoyent ſignees de leurs
nombres propres & conuenables, & diſtribuees par ordre, com
me és horloges ſolaires. Et quand tu voudras cognoiſtre l'heu-

re egale de nuict par la lune, faut sçauoir le iour de la lune, depuis sa conionction, ou qu'elle a esté nouuelle, & compter audit cercle lunaire ledit iour de la lune, & tourner ladite roüe mo
bile à ce que le poinct denotant la nouuelle lune soit mis sur, &
à l'édroit du iour que a la lune, & faut noter que le poinct K, denote la nouuelle lune, & le poinct L, la pleine lune. Faut sembla
blement descrire vn quart de rond sur quelque matiere solide,
lequel soit departy en 90 parties egales ou degrez, lequel doit
estre attaché à l'horizon de ladite horloge, de sorte que haufsãt
le dessus de ladite horloge tienne ferme demourant sur le degré
de la hauteur du cercle equinoctial ou equateur. Et demourant
en ce poinct & degré de la hauteur equinoctiale, & ladite horlo
ge adressee au meridien, assauoir le poinct C, vers le midi, & le
poinct A, vers septentrion. Et mettant le stile droit au milieu &
centre de ladite horloge, l'ombre dudit stile, par le ray du soleil,
demonstre l'heure du iour par le soleil au cercle des heures solai
res. Et de nuict par la lune au cercle des heures lunaires. Et faut
entendre que quãd la lune est plaine l'on peult simplemẽt prendre les heures au cercle solaire comme de l'horloge solaire, car
alors le mouuement de la lune attaint iceux cercles. Et finablement pour auoir les heures par la lune, faut tourner la roüe mobile par chacun iour sur le iour de la lune, par ce que la lune re-
tarde chacũ iour. Car apres vingthuit heures, du poinct de l'op
position, faut adiouster vne heure, à l'heure que le ray de la lune
demonstre en l'horloge solaire, si l'on veut auoir la vraye heure
nocturne, comme si l'ombre du stile demõstroit estre 11 heures,
faut entendre estre 12 de nuict. Et si l'estat de la lune estoit loing
du poinct de l'opposition deux iours & huit heures, il faudroit
adiouter (à l'heure demonstree par l'ombre) 2 heures, & l'on auroit la vraye heure nocturne, & ainsi faut entendre des autres
heures demonstrees par l'ombre de la lune és horloges solaires.
L'on peult aufsi en ladite horloge faire (és poincts K, & L) des
pertuis pour demonstrer la nouuelle & plaine lune. De laquelle
horloge ensuit la figure.

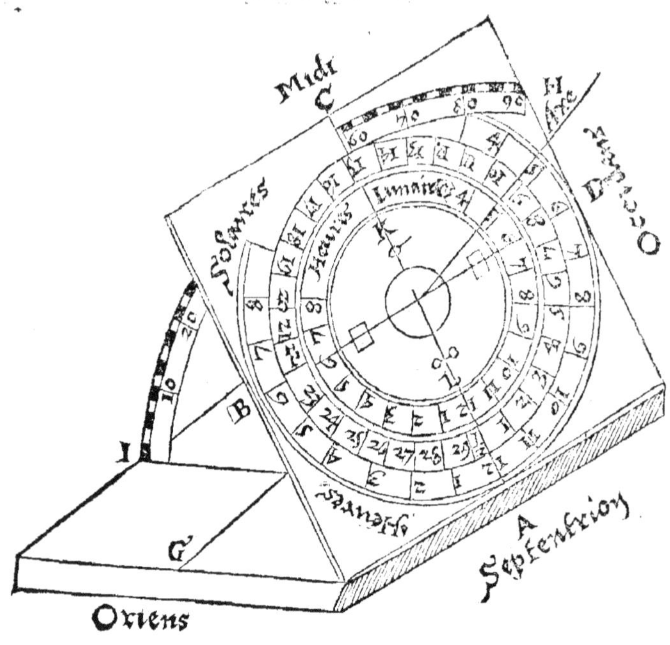

AVTRE DESCRIPTION ET FABRI-
cation d'vne horloge solaire & lunaire.
Chap. XXVI.

FAut premierement deſcrire le bort & limbe comme en la mere de l'aſtrolabe ou feront deſcrits les heures ſolaires, comme en l'horloge horizontale, & à l'eleuation du pole de la region ou l'on veult faire feruir ladite horloge. Et en l'eſpace dudit bort & limbe ſera deſcrit vn autre eſpace de cercle pour y deſcrire les iours de la lune, ou mois lunaire, qui eſt departy en 29 iours & 12 heures, (qui eſt demy iour) cómençant le premier iour ſur la ligne meridienne de l'horloge, tellement que le 15 iour ſoit à l'endroit de 12 heures, ſur lequel poinct de 12 heures ſoit deſcrit la nouuelle lune, & la pleine lune au poinct oppoſi-te, ou commence le premier iour de la lune. Ainſi que quand le ſoleil occupe ou tient le cercle meridien de nuit, la lune occupe iceluy cercle au meridien de la demie ſphere. Et ſi bon ſemble l'on peult marquer le premier quart de la lune ſur le 7 iour d'i-celle ou peu plus, & le dernier quart ſur le 22 iour venant au 23.

Ayant

Ayãt diſpoſé comme dit eſt la mere de ton horloge, ſoit ſur vne tronſſe de bois, pierre, ou autre matiere, & en icelle deſcrit les heures du iour ſelon la lõgueur du plus long iour de ton habitation, cõme icy l'auons deſcrit pour l'eleuation de 48 deg. 40 mi. Et au ſecõd eſpace & cercle du limbe ſoit deſcrit le mois lunaire qui eſt le nombre des iours d'vne cõionction à autre, qui ſont 29 iours & 12 heures, qui eſt demy iour cõme a eſté dit au precedẽt chap. Ladite table demourera (dãs ladi. eſpace du mois lunaire) toute vuide, & ſera cõcauee ſi bon ſemble pour y mettre vne tablette ronde ou ſeront deſcrits les heures lunaires departies par ſẽblable maniere que l'horloge horizontale, laquelle tablette & roüe ſera attachee ſur l'autre table & mere au centre A, de ſorte que l'on la puiſſe tourner & mouuoir d'vne part & d'autre. Et à icelle tablette faut attacher vne petite indice (ou dent) que l'on doit mettre ſur le iour de l'eſtat de la lune. Et en icelle roüe ou tablette aura deux pertuis, l'vn au centre pour paſſer le cloud qui tiẽdra la mere & ladi. tablette & le ſtile enſẽble, lequel ſtile doit eſtre fait apres l'eleuation du pole ainſi que pour l'horloge horizontale, & attaché par telle maniere qu'il n'empeſche ladite tablet. & roüe lunaire de tourner, & ſoit ledit ſtile attaché ſur le cẽtre & ſur le poinct de 12 heures en l'horloge horizontale, & qui veut lon peult faire que le ſtile ſe couche ſur ladite horloge auec de petites charnieres pour apres le leuer quand on en veult vſer. L'on peult auſsi appliquer ladite horloge rõde (cõbien que la figure cy apres miſe la demõſtre carree) & icelle rendre portatiue en y appliquant vne eſguille aimãtee que l'on appelle compas, qui ſera miſe & appliquee à la poignee ou mãche d'icelle horloge, en laquelle ſera deſcrit (cõme dit eſt cy deuãt) les heur. qui ſe prẽnent de iour par le ſoleil, au premier cercle du limbe & bort, & cõſequément les iours du mois lunaire qui ſont deſcrits au ſecond cercle. Et finablemẽt la roüe & table mobile ou ſe deſcrit les heures lunaires auec l'indice ou dent (comme deſſus) & auſsi le ſtile. Le tout fait par la maniere cy deſſus declairee, ainſi comme aux horloges que l'on porte couſtumierement par païs. La

Q .j.

fabrication de laquelle horloge eſt demonſtree par les figures
qui enſuiuent.

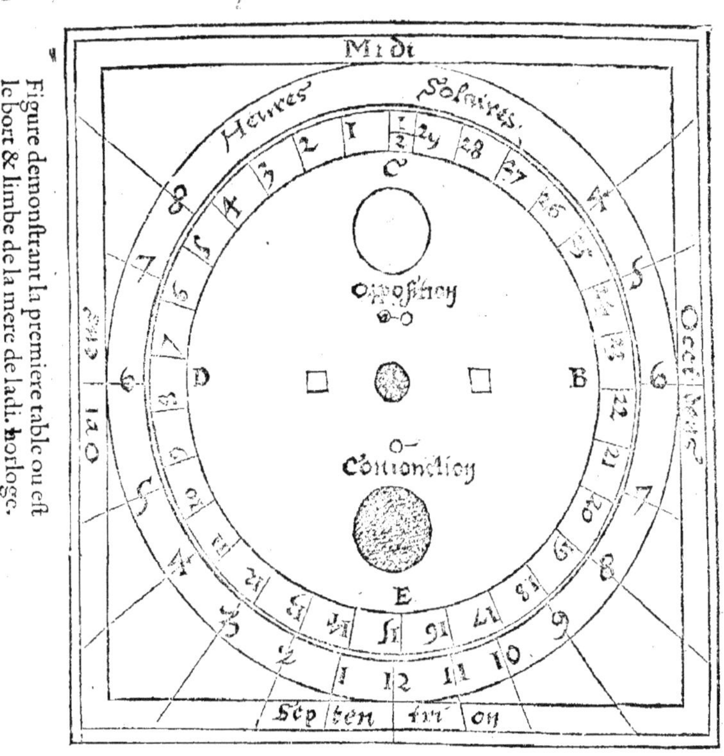

Figure de la ſeconde table & rouë mobile.

Figure demonſtrant la premiere table ou eſt
le bort & limbe de la mere de la di. horloge.

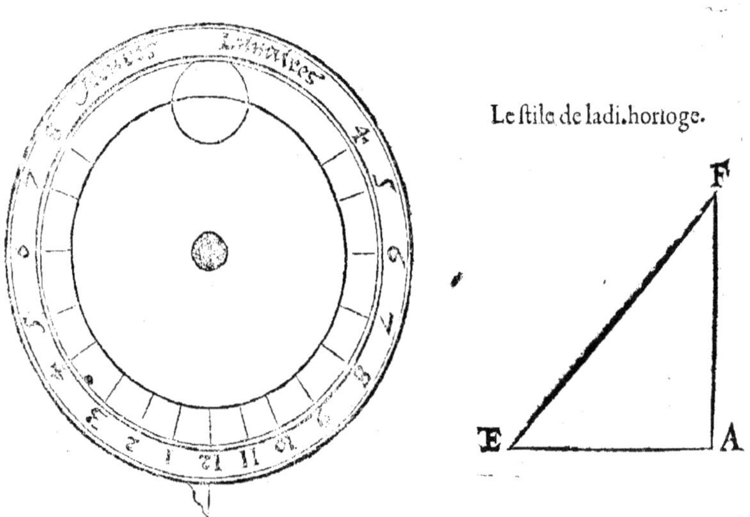

Le ſtile de la di. horloge.

Figure demonſtrant enſemble le limbe ou mere auec
la roüe mobile de ladite horloge ſolaire & lunaire.

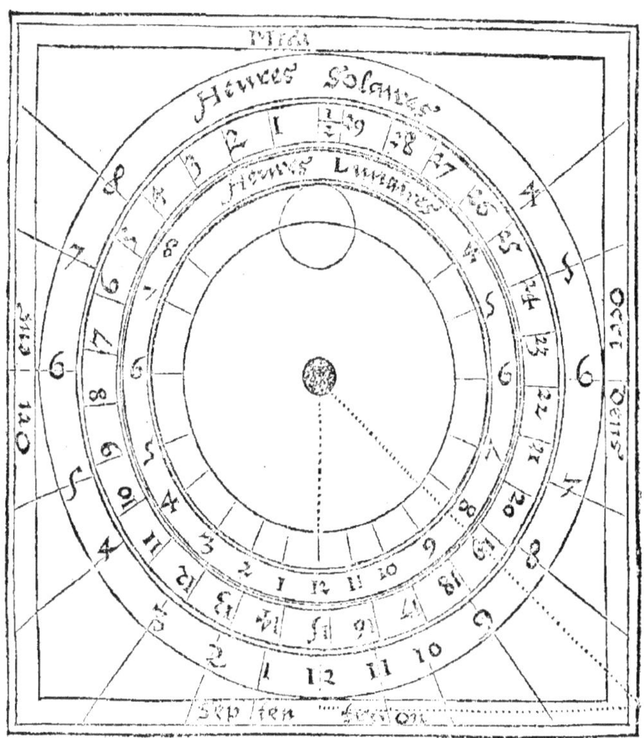

L'vſage de ladite horloge eſt telle. Premieremét faut ſçauoir
le iour de l'eſtat de la lune depuis ſa conionction ou qu'elle a e-
ſté nouuelle iuſques au iour ou l'on eſt, lequel iour cogneu faut
tourner la roüe mobile tant que la dét ou indice d'icelle ſoit miſe & adreſſee ſur le iour que la lune a depuis ſa conióction. Puis
la lune luiſant, regarde l'ombre que le ſtile demonſtre en la roüe
mobile au cercle des heures lunaires, car telle eſt l'heure nocturne. Et pour auoir l'heure de iour par le ſoleil, faut regarder l'om
bre du ſtile (le ſoleil luiſant) au cercle des heures ſolaires, & l'on
aura l'heure. Et ſi l'horloge eſt faite pour porter par pais, le faut
adreſſer vers le midi par l'eſguille aimantee, & leuer le ſtile (comme des autres horloges portatiues) pour auoir l'ombre d'iceluy,

Q iij

lequel demonſtrera l'heure demandee, ſoit de iour ou de nuiɕt, comme cy deuant a eſté dit au chapitre precedent, traitant de l'autre horloge noɕturne & lunaire. L'on peult auſsi (au dos de ladite horloge lunaire) appliquer & deſcrire vne autre horloge noɕturne pour cognoiſtre l'heure de nuiɕt par l'eſtoile polaire, & la grãde ourſe, la deſcription de laquelle ſera declaree au chapitre ſuyuant. Et faut entẽdre que le cloud qui doit eſtre mis en ladite horloge pour tenir la mere & la roüe mobile enſẽble doit auſsi tenir la table & roüe mobile de l'horloge noɕturne pour l'eſtoile du pole, & l'indice par deſſus. Et faut que ledit cloud ſoit creux ou parforé, à fin que l'on puiſſe voir (par dedans iceluy) l'eſtoile polaire, lequel cloud doit eſtre de cuyure ou autre matiere qui ſe puiſſe arrondir & perforer par dedans.

DESCRIPTION DE L'HORLOGE NO-
cturne, pour auoir les heures de nuiɕt par les
eſtoiles.   Chap. XXVII.

POur la deſcription de ladite horloge noɕturne, eſt neceſſaire de faire deux tables, l'vne fixe, & l'autre mobile. Et en la table fixe faut au bort ou limbe, deſcrire trois cercles, dont le premier ſera pour deſcrire les degrez des ſignes, ou iours des mois, deſcrrits d'vn à vn, ou de deux à deux. Et au ſecond cercle eſt l'eſpace pour deſcrire le nõbre des degrez des ſignes, ou des iours qui ſeront marquez de 10 en 10, ou de 5 en 5, ſelon la grandeur de l'inſtrument. Et au troiſieme & dernier cercle ſerõt deſcrits les noms des ſignes (ou leurs caraɕteres) ou les nõs des mois, lequel l'on voudra des deux, ou les deux enſemble. Et pour y deſcrire les 12 ſignes faut diuiſer le cercle ou rõd en 12 parties egales pour leſdits 12 ſignes, & chacune d'icelles parties en 3 autres parties egales pour le nombre des degrez deſdits ſignes qui ſeront marquez de 10 en 10, & chacune dizaine diuiſee en 10 parties qui ſeront dix degrez, ou ſeulement en 5 parties, & chacune vaudra 2 degrez, comme en la figure cy apres miſe ou les diuiſions ſont marquees l'vne de noir & l'autre de blãc, & chacune d'icelles di

uiſions vaut 2 degrez. Ce fait, faut deſcrire iceux 12 ſignes par
telle maniere que le quinzieme degré du ſigne de Scorpion ſoit
iuſtement ſur la ligne diametrale, trauerſant iuſtement le manche ou poignee dudit inſtrument, par le milieu d'iceluy inſtrument, & proceder en outre à la deſcription des ſignes ſuyuant
leur ordre & cours, tirant dudit ſigne de Scorpion (au manche
ou poignee d'iceluy inſtrumẽt) par la dextre partie. Ce fait, faut
deſcrire la table & roüe mobile qui ſe poſe ſur la roüe fixe, laquelle roüe mobile faut diuiſer en 24 parties egales, pour les 24
heures du iour, & à l'ẽdroit de chacune heure faut faire vne dẽt
ou pointe pour la cognoiſſance des heures. Et la dent ou pointe
qui eſt au poinct de 12 heures ſera ſi longue qu'elle puiſſe attain
dre le bort ou limbe de la roüe fixe, & ſeruir d'indice pour icel
le coloquer ſur le degré du ſigne ou iour du mois. Ce fait, faut
faire la reigle mobile qui ſera auſſi miſe & afichee ſur le centre
deſdites roües fixe & mobile, & miſe par telle maniere qu'elle
puiſſe eſtre tournee & menee d'vne part & d'autre à l'entour du
cẽtre de ladite horloge, laquelle reigle doit exceder & paſſer ou
tre le bort & limbe de la premiere table fixe, à fin que l'on puiſſe
(le long de la ligne d'icelle reigle) outre le bord de ladite horloge, voir les eſtoiles conuenables pour cognoiſtre l'heure noctur
ne, qui ſont les deux premieres eſtoiles de la grande Ourſe. Et
ainſi ſera fait l'inſtrument & horloge nocturne, de laquelle enſuit les figures.

Q .iij.

Figure de la premiere table & roue fixe
dudit inſtrument.

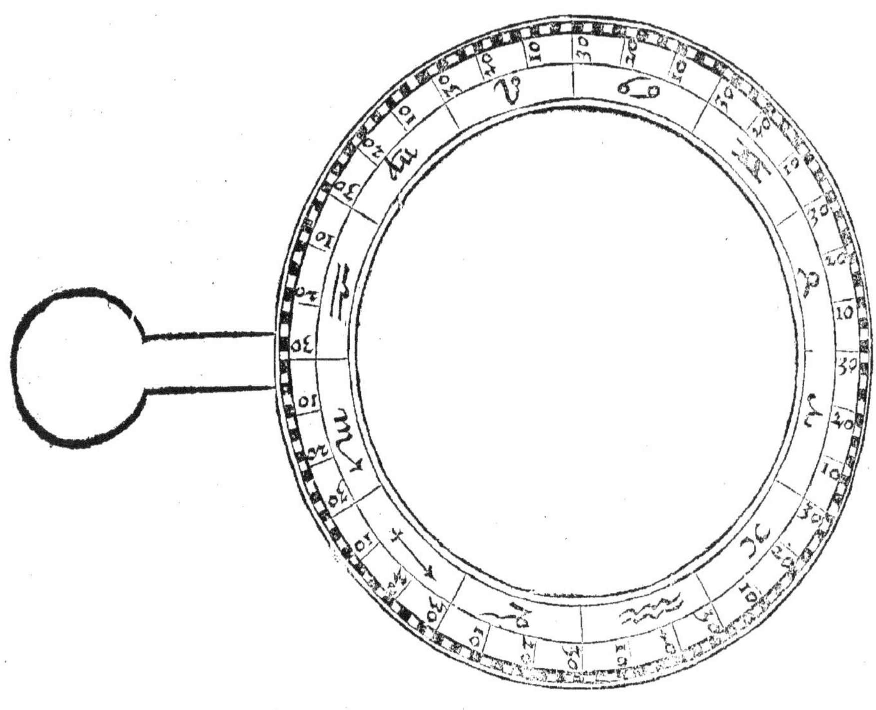

Figure de la table & roue mobile,
auec la reigle dudit inſtrument.

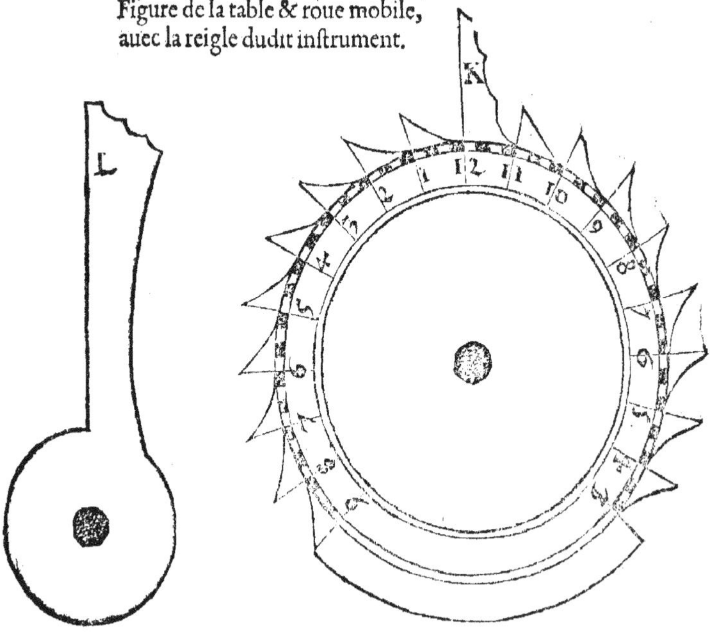

Figure de l'instrument complet & assemblé,

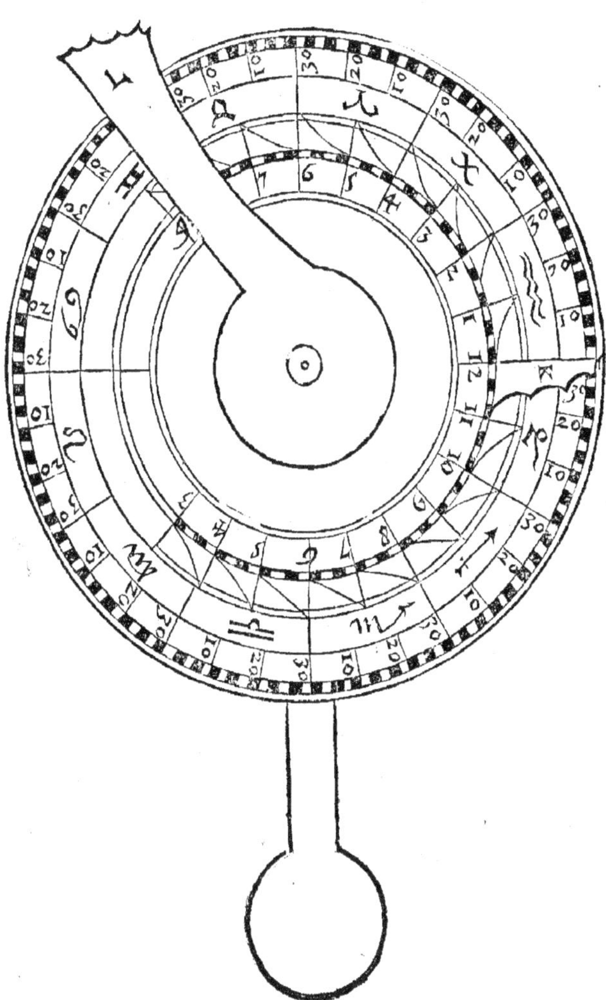

Et qui voudroit y deſcrire les 12 mois de l'an, il faut faire outre ou dedans le limbe du zodiaque deſcrit en la premiere table
& roüe fixe, vn autre limbe & eſpace pour y deſcrire les mois aſſauoir trois eſpaces de cercle ou à la premiere & plus grãde deſcrire les noms des mois, au ſecond eſpace le nombre des iours
d'iceulx, de 10 en 10, & au troiſieme les iours particuliers de chacun mois deſcrits d'vn à vn, ou de deux en deux. Et pour iceux
mois deſcrire faut commẽcer & marquer le premier iour de Ian
uier ſur le vintieme degré, 13 minutes de Capricorne, & tirer v-
ne ligne dudit vintieme degré 13 minut. de Capricorne, paſſant
par tous les trois cercles faits pour la deſcriptiõ deſdits mois. Le
quinzieme iour dudit mois de Ianuier ſe termine au cinquieme
degré 33 minutes d'Aquarius. Et la fin dudit mois de Ianuier au
vingt & vnieme degré 44 minutes dudit ſigne d'Aquarius, auquel poinct commence le premier iour du mois de Feburier. Le
quatorzieme iour dud. mois de Feburier ſe termine au cinquieme degré du ſigne des poiſſons. Et le dernier iour dudit mois de
Feburier fine & ſe termine au dixneufieme degré 48 minutes
dudit ſigne des poiſſons, lequel mois de Feburier ſe peult diuiſer en 28 parties egales (pour les 28 iours d'iceluy) par l'office du
compas, aſſauoir chacune eſpace en 14 iours. Et à iceluy poinct
du dixneufieme degré 48 minut. dudit ſigne des poiſſons com-
mẽce le mois de Mars, duquel mois de Mars le quinzieme iour
ſe termine ſur le quatrieme degré 36 minutes du ſigne d'Aries.
Et la fin dudit mois de Mars ſur le vintieme degré 18 minut. dudit ſigne d'Aries, auquel poinct commence le mois d'Apuril. Et
ainſi enſuyuant faut proceder à la deſcription des autres mois,
chacun par ordre ſuyuant l'ordre des degrez & minutes des ſignes, au commencement, milieu, & fin de chacun mois qui ſe
trouuent & demonſtrent en la table cy deſſous deſcrite.

Iours.Degrez.Minut.

	Iours	Degrez	Minut	
	1	20	13	Capricorne.
Ianuier.	15	5	33	Aquarius.
	31	21	44	Aquarius.
Feburier.	14	5	55	Pisces.
	28	19	48	Pisces.
Mars.	15	4	36	Aries.
	31	20	18	Aries.
Apuril.	15	4	51	Taurus.
	30	19	13	Taurus.
May.	15	5	38	Gemini.
	31	18	50	Gemini.
Iuing.	15	3	3	Cancer.
	30	17	22	Cancer.
Iuillet.	15	1	40	Leo.
	31	16	58	Leo.
Aoust.	15	1	24	Virgo.
	31	16	58	Virgo.
Septembre.	15	1	40	Libra.
	30	16	30	Libra.
Octobre.	15	1	30	Scorpio.
	31	17	43	Scorpio.
Nouembre.	15	2	58	Sagitaire.
	30	18	13	Sagitaire.
Decembre.	15	3	38	Capricorne.

Et ayant disposé & faict ton horloge nocturne cóme dit est,
& le temps serain & beau. Pour cognoistre l'heure de nuict faut
mettre & adresser le poinct de 12 heures ou est l'indice de la table mobile sur le degré du signe, ou sur le iour du mois, & que la
dite table tienne ferme sur ledit degré ou iour. Ce fait faut pren
dre l'instrument par le mâche ou poignee, & leuer ledit instrument le plus droit que l'on pourra sans varier ne incliner de nul
le part, & le leuer & adresser de telle maniere que l'ó puisse voir
l'estoile polaire par le centre de l'instrument & mouuoir la reigle tant que l'on puisse voir (le long du bort de la reigle qui est
hors la circóference de l'instrument) les deux extremes estoiles
de la gáde Ourse, & ladite reigle demonstrera l'heure sur la roüe
mobile que l'ó pourra cóter par les doigts(sás lumiere) depuis la
plus gráde dét ou indice du poinct de 12 heures, iusqu'au poinct
ou est la reigle, & par ainsi l'ó pourra cognoistre l'heure de nuit.

COMME L'ON PEVLT SCAVOIR ET CO-
gnoiftre l'eleuation de l'equinoctial ou equateur,& par con-
fequent la hauteur du pole artique de chacune
region.   Chap. XXVIII.

L eft neceffaire à tous qui fe delectent à la fabrication des hor
loges folaires de fçauoir trouuer & cognoiftre l'eleuation du
pole artique en chacune region ou lon fera, & ou l'on veult fabriquer les horloges folaires, laquelle eleuatió de pole l'on pour
ra cognoiftre en toutes regions ou l'on fera par la maniere cy a-
pres defcrite, femblablement la hauteur de l'equinoctial ou e-
quateur, & cóbien l'vn eft efleué & l'autre deprimé. Car en fou-
ftrayant la hauteur de l'vn de 90 degrez, refte la hauteur de l'autre, Comme fi le pole eftoit efleué fur noftre horizon 50 degrez, l'equinoctial feroit efleué 40 degrez, Car en foubftrayant
50 degrez de 90, refte 40. Et pour trouuer ladite eleuation du po
le faut fçauoir le mouuement du foleil, & pourra on fçauoir &
auoir le vray mouuement du foleil par chacun iour comme cy
apres fera declaré. Et aufsi la declinatió du foleil, laquelle foubftraite ou adiouftee à la hauteur (ou eleuation) du foleil fur l'horizon à l'heure de midi demonftre la hauteur ou eleuation de
l'equinoctial. Et ayant cogneu (ou trouué) la hauteur de l'equinoctial l'on peult par icelle venir à la cognoifsáce de la hauteur
du pole, & cóme dit eft, faut fçauoir trois chofes, premierement
le lieu que le foleil occupe (& tient) au zodiaque, la declination
du foleil, & aufsi combien il eft eleué au cercle meridié fur l'horizon. Et pour auoir le lieu du foleil, faut cercher en la table fuy
uante (intitulee, Table du moyen mouuement) le iour du mois
auquel l'on eft, en l'extremité & cofté feneftre de ladite table, ou
le nombre commence à vn & continue en defcendant iufques
à trente & vn, & n'y peult auoir dauantage par ce que nul des
mois de l'an n'excede plus de 31 iours. Et ayant trouué le iour
propofé faut fuyure la ligne à l'édroit dudit iour, & fous le tiltre
du mois fera trouué les degrez & minutes du figne ou eft le foleil iceluy iour (felon fon moyen mouuement) par le zodiaque

defcrit à la dextre, affauoir, le figne ou fignes refpondans chacun à l'endroit du mois ou il commence, & eft appellé le moyen
mouuement auquel faut adioufter & fuftraire l'equation du foleil pour auoir fon vray lieu & mouuemét. Et pour ce faire faut
entrer auec l'annee courante, en la table de l'equation du foleil
cy apres defcrite : & les degr. & minut. qui fe trouueront à l'endroit de l'annee propofee, faut adioufter auec les degrez & minutes du moyen mouuement, & l'on aura le vray mouuement
& lieu du foleil à l'heure du midi d'iceluy iour, Et faut noter que
fi c'eft en vne annee commune (qui n'eft poinct bixefte) ayant
fait l'adition faut leuer vn degré apres le mois de Feburier iufques à la fin du mois de Decembre en chacune annee cómune.

R.ij.

Table du moyen mouuement du Soleil.

Jours	Janvier ♂	m		Febvrier ♂	m		Mars ♂	m		Avril ♂	m		May ♂	m		Juing ♂	m	
1	20	3	Capricornus	21	34	Aquarius	20	37	Pisces	21	4	Aries	20	1	Taurus	19	35	Gemini
2	21	4		22	35		21	36		22	3		20	59		20	32	
3	22	6		23	36		22	36		23	1		21	56		21	29	
4	23	7		24	36		23	35		23	59		22	54		22	26	
5	24	8		25	37		24	35		24	58		23	51		23	23	
6	25	9		26	37		25	34		25	56		24	48		24	20	
7	26	11		27	38		26	33		26	54		25	46		25	17	
8	27	12		28	38		27	32		27	52		26	43		26	14	
9	28	13		29	38		28	31		28	50		27	41		27	11	
10	29	14		0	39	Pisces	29	30		29	48		28	38		28	8	
11	0	16	Aquarius	1	39		0	29	Aries	0	47	Taurus	29	35		29	5	
12	1	17		2	39		1	28		1	45		0	32	Gemini	0	2	Cancer
13	2	18		3	39		2	27		2	43		1	30		0	59	
14	3	19		4	39		3	26		3	41		2	27		1	56	
15	4	20		5	40		4	25		4	38		3	24		2	53	
16	5	21		6	40		5	24		5	36		4	21		3	50	
17	6	22		7	40		6	23		6	34		5	19		4	47	
18	7	23		8	40		7	22		7	32		6	16		5	44	
19	8	24		9	40		8	21		8	30		7	13		6	41	
20	9	25		10	40		9	20		9	28		8	10		7	38	
21	10	26		11	40		10	18		10	25		9	7		8	35	
22	11	27		12	40		11	17		11	23		10	4		9	32	
23	12	28		13	40		12	16		12	21		11	1		10	29	
24	13	29		14	39		13	15		13	18		11	58		11	26	
25	14	30		15	39		14	13		14	16		12	55		12	23	
26	15	31		16	39		15	12		15	14		13	53		13	21	
27	16	31		17	38		16	10		16	11		14	50		14	18	
28	17	32		18	38		17	9		17	8		15	47		15	15	
29	18	33		19	38		18	8		18	6		16	44		16	12	
30	19	33					19	7		19	4		17	41		17	9	
31	20	34					20	6					18	38				

Table du moyen mouuement du Soleil.

Jours	Juillet ð	m		Aoust ð	m		Septemb ð	m		Octobre ð	m		Nouemb ð	m		Decembre ð	m	
			Cancer			Leo			Virgo			Libra			Scorpius			Sagittarius
1	18	6		17	43		17	44		17	20		18	30		19	5	
2	19	3		18	40		18	43		18	19		19	31		20	7	
3	20	0		19	38		19	42		19	19		20	32		21	8	
4	20	57		20	36		20	40		20	19		21	33		22	10	
5	21	54		21	33		21	39		21	19		22	34		23	11	
6	22	51		22	31		22	38		22	19		23	35		24	12	
7	23	48		23	29		23	37		23	19		24	36		25	14	
8	24	45		24	26		24	36		24	19		25	37		26	15	
9	25	42		25	24		25	34		25	19		26	38		27	17	
10	26	40		26	22		26	33		26	19		27	39		28	18	
11	27	37		27	20		27	32		27	19		28	40		29	20	
12	28	34		28	18		28	31		28	20		29	41		0	21	Capricornus
13	29	31		29	16		29	30		29	20		0	42	Sagittarius	1	23	
14	0	28	Leo	0	14	Virgo	0	29	Libra	0	20	Scorpius	1	44		2	24	
15	1	26		1	12		1	28		1	20		2	45		3	27	
16	2	23		2	10		2	28		2	21		3	46		4	28	
17	3	21		3	8		3	27		3	21		4	48		5	29	
18	4	18		4	6		4	26		4	21		5	49		6	30	
19	5	15		5	4		5	25		5	22		6	50		7	32	
20	6	12		6	3		6	25		6	22		7	51		8	33	
21	7	9		7	1		7	24		7	23		8	52		9	35	
22	8	6		7	59		8	24		8	23		9	54		10	36	
23	9	4		8	58		9	23		9	24		10	55		11	38	
24	10	2		9	56		10	23		10	25		11	56		12	39	
25	11	0		10	55		11	22		11	25		12	57		13	40	
26	11	57		11	53		12	22		12	26		13	59		14	42	
27	12	55		12	51		13	21		13	27		15	0		15	43	
28	13	52		13	50		14	21		14	27		16	1		16	45	
29	14	50		14	48		15	20		15	28		17	2		17	46	
30	15	47		15	47		16	20		16	29		18	3		18	47	
31	16	45		16	46					17	29					19	49	

134

Et ou l'on voudroit faire & calculer la table de l'equation du soleil pour longues annees, faut adiouster de 4 annees en 4 annees deux minutes, Comme si en l'annee mil cinq cens cinquâte neuf, l'on a (pour equation) 0. degré, 54 minutes, la quatrieme annee ensuyuant qui est l'an mil cinq cens soixâte trois, l'on aura pour equation 0. degré, 56 minutes. Et aussi si en l'annee mil cinq cens soixante & vn, l'on a pour equation 1. degré, 26 minutes, la quatrieme annee ensuyuâte qui est l'an mil cinq cens soixant cinq, l'on aura pour equation 1. degré, 28 minutes. Et ainsi des autres, en procedât d'annee en annee, de laquelle equation ensuit la table.

Table de l'equation du Soleil.

Les ans.	Equation.			Les ans.	Equation.			Les ans.	Equation.		
	D	M			D	M			D	M	
1550	1	6		1561	1	26		1572	0	45	B
1551	0	51		1562	1	11		1573	1	31	
1552	0	37	B	1563	0	56		1574	1	16	
1553	1	23		1564	0	42	B	1575	1	1	
1554	1	8		1565	1	28		1576	0	47	B
1555	0	53		1566	1	13		1577	1	33	
1556	0	38	B	1567	0	58		1578	1	18	
1557	1	24		1568	0	44	B	1579	1	2	
1558	1	9		1569	1	30		1580	0	49	B
1559	0	54		1570	1	15		1581		35	
1560	0	40	B	1571	1	0		1582		20	

Maintenât, pour trouuer le vray mouuement & vray lieu du soleil, auons proposé mettre cy vne exemple, Cóme si l'on veut trouuer le vray lieu du soleil le vingtquatrieme iour du moys de May l'an mil cinq cens soixâte au midi d'iceluy iour, faut entrer en la table du moyen mouuemét, sous le tiltre du mois de May, descendât iusques au 24 iour dudit mois, au nóbre des iours qui est en la premiere ligne de ladi. table au coste seneftre, & en l'angle commun (du mois & iour proposé) l'on trouuera le moyen mouuemét & lieu du soleil estre 11 degrez 58 minut. de Gemini, lequel moyen mouuement & lieu du soleil faut noter. Ce fait, faut entrer (auec ladite ánee 1560) en la table de l'equatió, & l'on trouuera pour equation 0.degré & 40 minu.que faut adiouſter au moyen mouuemét & lieu du ſoleil, & l'ó aura 12 degr. 38 mi. Et pource que c'eſt an bixeſtil, ne faut rié leuer ou ſouſtraire. Et par ainſi le vray lieu du ſoleil (au midi d'iceluy iour) eſt au 12 degré 38 minu.de Gemini. Et ſi c'eſtoit en an cómun, & le mois en ſuyuaſt le mois de Feburier, faut (à toute l'adition) leuer vn deg. Cóme ſi en l'an 1561, le 12ᵉ iour de Iuillet (au midi d'iceluy iour) l'on veut trouuer le vray lieu du ſoleil, faut (cóme dit eſt) entrer en la table du moyen mouuement ſous le tiltre de Iuillet, & faut deſcédre iuſqu'au 12ᵉ iour d'iceluy mois, & en l'ágle cómun l'on trouuera le moyen mouuemét eſtre 28 deg. 44 minu.de Cancer Et en la table de l'equation, ſous ladi.ánee 1561, l'on trouue pour icelle annee 1.deg.26 minu.que faut adiouſter au moyé mouuemét, & en vient 30 degr. Et pource que c'eſt an cómun, & que le mois de Iuillet.enſuit le mois de Feburier, faut leuer vn degré, & reſte 29 degrez, & pource l'on peult dire le vray lieu du ſoleil au midi d'iceluy iour eſtre le vingtneufieme degré de Cancer.

La ſeconde choſe qui eſt neceſſaire de cognoiſtre pour trouuer leleuation du pole, eſt ſçauoir & cognoiſtre la declinatió du ſoleil: Sçauoir eſt, de cognoiſtre par chacun iour cóbien le ſoleil decline du cercle equinoctial, ce que l'on pourra ſçauoir & cognoiſtre par la maniere qui enſuit. Faut premierement trouuer le vray lieu & mouuement du ſoleil par la maniere deuant dite. Et apres auoir trouué le lieu du ſoleil, faut (auec ledit degré) entrer & cercher iceluy degré du lieu du ſoleil, en la table de la declinatió du ſoleil cy apres miſe, ou l'ó trouuera les ſignes au deſſus ou au deſſous de ladi.table, & le degré a dextre ou à ſeneſtre en l'exremité de ladi.table, & en l'angle cómun reſpondant aux lignes du ſigne & du degré l'on trouuera ladite declination. Et faut entendre que ſi le ſigne ſe trouue au deſſus (c'eſt au chef de ladi. table) faut cercher le degré à la ſeneſtre partie, & ſi le ſigne eſt au bas de ladi.table, faut cercher le degré en la partie dextre, comme l'on peult voir par ladite table qui enſuit.

Table de la declination du Soleil.

deg		Libra / Aries		Scorpio / Taurus		Sagitari⁹ / Gemini			deg
		deg	mi	deg	mi	deg	mi		deg
1		0	24	11	51	20	25		29
2		0	48	12	12	20	27		28
3		1	12	12	33	20	49		27
4		1	36	12	53	21	0		26
5		2	0	13	13	21	11		25
6		2	23	13	33	21	22		24
7		2	47	13	53	21	32		23
8		3	11	14	13	21	42		22
9		3	35	14	32	21	51		21
10		3	58	14	51	22	0		20
11		4	22	15	10	22	9		19
12		4	45	15	28	22	17		18
13		5	9	15	47	22	25		17
14		5	32	16	5	22	32		16
15		5	55	16	23	22	39		15
16		6	19	16	40	22	46		14
17		6	42	16	57	22	52		13
18		7	5	17	14	22	57		12
19		7	28	17	31	23	3		11
20		7	50	17	47	23	7		10
21		8	13	18	3	23	12		9
22		8	35	18	19	23	15		8
23		8	58	18	34	23	19		7
24		9	20	18	49	23	22		6
25		9	42	19	4	23	24		5
26		10	4	19	18	23	26		4
27		10	26	19	32	23	28		3
28		10	47	19	46	23	29		2
29		11	9	19	59	23	30		1
30		11	30	20	12	23	30		0
deg		deg	mi	deg	mi	deg	mi		deg
		Virgo / Pisces		Leo / Aquari⁹		Cancer / Capricorⁿ			

Comme

Comme par exemple, en l'an 1 5 6 1, le douzieme iour de Iuillet, le soleil tient & possede, le vingtneufieme degré du signe de
Cancer, faut donc cercher le vingtneufieme degré de Cãcer au
costé en l'extremité (ou extreme ligne) de ladite table de la decli
nation du soleil, sous le tiltre degrez de signes: & à l'endroit d'i-
celuy degré, en l'angle, sous le tiltre du signe de Cancer (qui se
trouue au pied de ladite table) l'on trouuera 20 degrez 25 minu.
& tant decline le soleil de la ligne equinoctiale iceluy iour à mi
di. Et si outre les degrez entiers y a des minutes, faut regarder
quelle proportion ou partie sont de l'entier (c'est d'vn degré ou
60 minutes,) Comme si c'est la moitié, tierce, quarte, ou quinte
partie d'vn degré, & telle proportion, qu'il y a, faut prendre aux
minutes de la difference de la maieur declination à la mineur,
Comme si outre les degrez entiers se trouuoit 15 minut. qui est
le quart de 60 minutes, qui est vn degré, & la differéce de la declination d'vn degré à l'autre fust 20 minutes, faut prendre le
quart de 20 minutes, qui est 5 minutes, que faut adiouster au degré & minutes de la declination premiere trouuee: car telle pro
portion qu'il y a de 15 minut. à 60, qui est vn degré, telle proportion y a de 5 minutes à 20. Exemple, L'an 1 5 6 0, le sixieme iour
de Nouembre, le vray lieu du soleil est le vingtquatrieme degré
15 minutes de Scorpio, faut cercher, en la table de la declination
du soleil, le vingtquatrieme degré de Scorpio, ou il se trouue le
soleil decliner 18 degrez 4 9 minutes. Et pource que 15 minutes
est la quarte partie dvn degré, faut prendre la quarte partie de 15
minutes, qui est la difference de la maieur & la mineur declination, laquelle quarte partie est 3 minutes $\frac{1}{4}$ que faut adiouster a-
uec 18 degrez 49 minutes, & mótera 18 degrez 52 minut. $\frac{1}{4}$ pour
la declinatió du soleil en celuy iour. Et en la mesme annee le 10ᵉ
iour de Iuillet, le soleil est celuy iour à midi au 27ᵉ degré 20 minutes de Cancer, faut entrer en ladite table de la declination, a-
uec le vingtseptieme degre de Cancer, & se trouue la declinatió
estre de 21 degre 49 minut. que faut noter. Et pource que 20 minutes sont la tierce partie d'vn degré, faut prendre la tierce par-

tie de la maieur (declination) à la mineur, aſſauoir la difference
(de la declination) du vingtſeptieme degré au vingthuitieme,
laquelle difference eſt 1 degré 12 minutes, de laquelle difference
la quarte partie eſt 18 minutes, que faut leuer de la declination
premierement trouuee, qui eſt 21 degrez 49 minutes & reſte 21
degrez 31 minutes, qui eſt la vraye declination du ſoleil, au midi
d'iceluy iour

La troiſieme choſe qu'il faut ſçauoir pour cognoiſtre l'eleuation du pol, eſt ſçauoir prendre, & cognoiſtre la hauteur du ſoleil à midi, ce qui ſe peult faire par l'aſtrolabe, ou par vn certain
autre inſtrument qui ſoit vn quadrant (ou quart de cercle) qui
ſoit C,B, diuiſé en 90 parties egales, auquel y aura vne reigle en
façon d'alidade, attachee audit quart de rond au centre A, à laquelle reigle aura deux pinules, & faut poſer ledit inſtrumét ſur
vne ſuperficie plaine ou ſoit tiré la ligne meridienne, & le bort
(ou coſté dudit inſtrumét) mis le long de ladite ligne meridienne & que ledit inſtrument ſoit mis à plomb ſur ladite ſuperficie
plaine, comme il appert par ceſte figure.

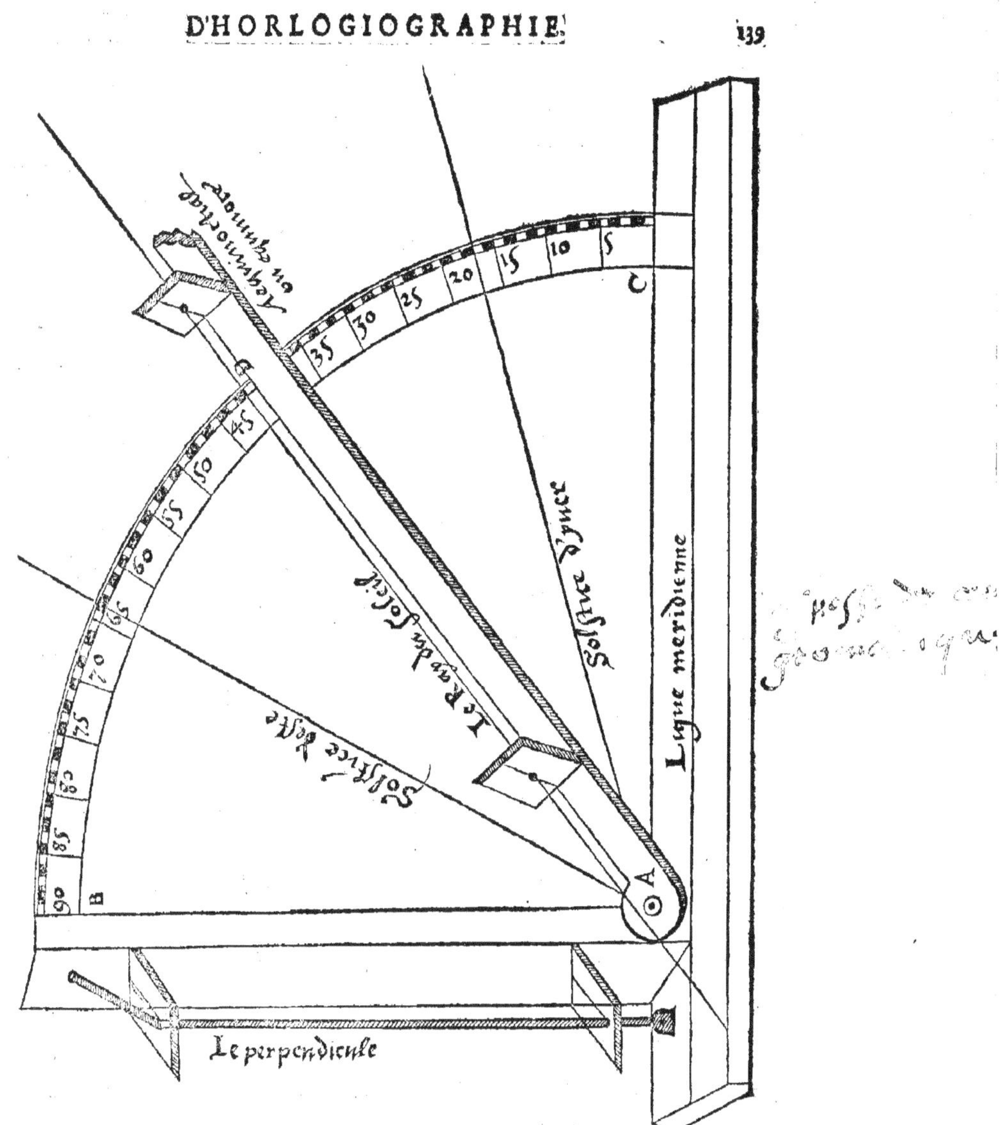

Ledit inſtrument ainſi apreſté & mis (comme dit eſt) la face
de l'inſtrument le long de la ligne meridienne, & la reigle attachee au cétre dudit inſtrumét, part telle maniere que l'ó la puiſſe hauſſer & abaiſſer dvne part & d'autre, & qu'elle demoure fer
me ſur le lieu ou elle ſera mouuee & menee: & doit eſtre ledit in
ſtrumét aſſez grãd pour marquer les diuiſiós en deg. & minu. &

tant plus fera grand tant plus y aura de iugemét, & qu'il foit mis
iuftement à nyueau (c'eft à plomb) & ledit inftrumét fera preft.
Maintenát que l'on voudra prendre la hauteur du foleil à l'heure de midi, faut (le foleil luisát) hauffer ou abaiffer la reigle auec
les pinules tant que le ray du foleil trauerfe iuftemét par les pertuis des pinules, & les degrez & minutes que la ligne de la reigle
demonftrera à la circonference ou bort dudit inftrument, ferót
les degrez de la hauteur du foleil, c'eft à dire que le foleil fera au
tant eleué fur noftre horizon que la reigle monftre de degrez.

En apres, pour fçauoir l'eleuatió du pole de la region ou l'on
eft, faut premierement, par la maniere deuant dite, cercher le
vray mouuement & lieu du foleil au zodiaque, pour le iour que
l'on veult fçauoir l'eleuation du pole, & par celuy lieu & mouuement du foleil trouuer la declination du foleil à la ligne de l'e-
quinoctial ou equateur. Et faut cófiderer fi le foleil eft és fignes
meridionals ou feptentionals, car s'il eft en figne meridional, la
hauteur du foleil à l'heure de 12 heures fera moindre que la hauteur de l'equinoctial : & s'il eft en figne de feptentrional la hauteur du foleil à ladite heure de 12 heures fera plus grande que la
hauteur de l'equinoctial, Parquoy ayant pris la hauteur meridienne du foleil, par ledit inftrument ou autre, fi le foleil eft en
figne meridional, faut adioufter la declination du foleil à ladite
hauteur, & prouiendra la hauteur de l'equinoctial. Et fi le foleil
eft en figne feptentrionnal, faut fuftraire & leuer la declination
de ladite hauteur meridienne, & reftera la hauteur de l'equinoctial, laquelle hauteur de l'equinoctial foubftraite de 90 degrez
refte l'eleuation du pole comme a efté dit cy deuát. Et à fin d'en
donner plus claire intelligence auons propofé les exemples qui
enfuyuent. L'on veult fçauoir l'eleuation du pole pour la ville
de Paris, le vingtquatrieme iour de May l'an 1560, l'on trouue
iceluy iour, le vray lieu du foleil eftre l'vnzieme degré, 38 minut.
de Gemini. La declination d'iceluy 22 degrez 14 minutes, & la
hauteur meridienne 63 degrez quarantequatre minutes, de laquelle hauteur (pource que Gemini eft figne feptentriónal) faut

subſtraire ladite declination qui eſt 22 degrez, 14 minutes, & reſtera 41 degrez, 20 minutes, qui eſt la hauteur de l'equinoctial
pour ladite ville de Paris. Or maintenant leuant ladite eleuation (de l'equinoctial) de 90 degrez, qui eſt la diſtance du pole
à l'equinoctial, & le reſte ſera la hauteur ou eleuation du pole.
Doncq' ſoubſtrayant 41 degrez 20 minutes de 20 degrez, reſte
48 degrez 40 minutes, & tant eſt la hauteur ou eleuation du po
le à ladite ville de Paris.

Item en ladite annee 1560, le vingtſeptieme iour de Nouembre, le lieu & vray mouuement du ſoleil eſt au quinzieme degré
40 minutes de Sagitaire. La declination d'iceluy eſt 22 degrez
43 minut. & la hauteur du ſoleil obſeruee au midi d'iceluy iour
eſt 18 degrez 37 minutes. Et pource que le ſoleil eſt vn ſigne meridional, faut adiouſter ladite hauteur meridiéne du ſoleil, qui
eſt 18 degrez 37 minutes auec leſdits 22 degrez 43 minutes de
la declination du ſoleil, & prouiendra 41 degrez 20 minutes,
& tant eſt la hauteur de l'equinoctial à ladite ville de Paris. Or
maintenant faut leuer ladite hauteur de l'equinoctial (aſſauoir
41 degrez 20 minutes) de 90 degrez, & reſtera 48 degrez 40 minutes, qui eſt la hauteur du pole pour ladite ville de Paris.

L'on peult auſſi prendre ou ſçauoir l'eleuation du pole quãt
le ſoleil eſt au cercle ou ligne de l'equinoctial, c'eſt aſſauoir le di
xieme iour de Mars, que le ſoleil entre au premier degré du ſigne d'Aries, & le quatorſieme iour de Septembre, que le ſoleil
entre au premier degré du ſigne de Libra, qui eſt le temps de l'e-
quinocce : car alors les iours ſont egaux, par tout, à la nuict, & le
ſoleil n'a nulle declination de la ligne equinoctiale. Et parquoy
qui alors prent la hauteur meridienne du ſoleil ſeullement ſans
autre choſe, il aura la hauteur de l'equinoctial, laquelle leuee, ou
ſoubſtraite comme dit eſt, de 90 degrez demoure la hauteur &
eleuation du pole artique de la region ou habitation ou l'on au
ra pris ladite hauteur.

DESCRIPTION DE LA MANIERE
de trouuer la ligne meridienne.   Chap. XXIX.

POurce qu'il faut & est expedict à toutes personnes qui se delectent à la cóposition & description des horloges solaires,
qu'ils sachent tirer ou marquer la ligne meridiéne au iuste pour
sur & suyuant icelle ligne colloquer & asseoir leurs horloges,&
faut bien prendre garde que l'horloge ne incline d'vne part ne
d'autre, Car si elle incline tant soit peu d'vne part ou d'autre (de
ladite ligne meridiéne)les heures ne raportét l'vne à l'autre, car
les vnes d'vn costé se trouueront plus aduãcees, & celles de l'autre costé plus tardiues,& pour ceste cause faut bien iustemét col
loquer lesdites horloges sur & le long de ladite ligne meridiéne
laquelle se peult trouuer & tirer par l'office du soleil, par la maniere qui ensuit,assauoir,Soit descrit vn cercle (sur quelque plai
ne horizótale,cóme vne table,pierre,ou autre chose qui soit bié
aplany & posee à nyueau)lequel cercle soit grand ou petit à discretion,au centre duquel soit mis & fiché vn greffe de fer ou au
tre matiere, qui soit eleué droitemét & à angles droits sur ladite
superficie & plaine horizótale,& que ledit greffe ait de lógueur
la moitié du diamet. dudit cercle.Ce fait,pour trouuer ladi.lig.
meridienne,faut obseruer & garder quãd l'óbre dud.greffe(qui
sert cóme de stile)étre dedãs ledit cercle ou ród, & lors que ladi.
óbre attaindra la circonferéce,faut faire vn poinct ou marque à
ladite circóference.Et semblablemét quãd ladite ombre sortira
du rond & sera sur ladite circóference (de l'autre part) faut faire
vne autre marque sur icelle circóference. Et ayãt fait & marqué
lesdits deux poincts ou marques,la portion de l'arc, qui est étre
lesd.deux poincts ou marques,faut partir & diuiser en deux par
ties par la moitié d'iceluy arc,& y faire vne troisieme marque,&
tirant vne ligne droite,d'icelle troisieme marque,passant iustement par le centre,ceste ligne sera la ligne meridienne : ou tirer
vne ligne par les deux premiers poincts, assauoir d'vn poinct à
autre,& sur icelle tirer vne autre lig.orthogone croisant icelle à
angles droits,ceste derniere ligne sera la ligne meridienne.

Fin de ce prefent liure, intitulé Recueil d'Horlo-
giographie, nouuellement imprimé à Paris, par
Iean Bridier Imprimeur, & fe vendent par Vin-
cent Sertenas Libraire, demourant en la rue
neuue noftre Dame, à l'enfeigne fainct Iean l'E-
uãgelifte : & au Palais, en la gallerie par ou l'on
va en la chancellerie.   1 5 6 1.